김시습이 들려주는
유불도 이야기

김시습이 들려주는

유불도 이야기

ⓒ 이종란, 2008

초판 1쇄 발행일 2008년 12월 13일
초판 10쇄 발행일 2024년 8월 1일

지은이   이종란
그림   조영선
펴낸이   정은영

펴낸곳   (주)자음과모음
출판등록   2001년 11월 28일 제2001-000259호
주소   10881 경기도 파주시 회동길 325-20
전화   편집부 (02)324-2347 경영지원부 (02)325-6047
팩스   편집부 (02)324-2348 경영지원부 (02)2648-1311
e-mail   jamoteen@jamobook.com

ISBN 978-89-544-0829-5 (64100)

김시습이 들려주는
유불도 이야기

이종란 지음

㈜ 자음과모음

한 초등학교에서 학생들의 장래 희망에 대한 설문조사를 했습니다. 학생들이 원하는 직업을 몇 가지로 분류해 볼 수 있었습니다. 많은 사람의 인기를 얻을 수 있는 직업, 돈을 많이 벌 수 있는 직업, 마지막으로 권력을 가질 수 있는 직업입니다.

이것은 학생들이 삶의 다양성에 대한 이해가 부족하기 때문에 나온 당연한 결과일지 모릅니다. 그렇다면 다양한 삶의 가치에 대한 이해가 부족한 이유는 무엇일까요? 경험이 적어서이기도 하지만, 다양한 삶의 가치를 일깨워 주지 못한 어른들의 잘못도 있습니다.

자식이 경쟁 사회에서 살아남으려면, 사회가 추구하는 물질적 가치를 취하는 법을 가르쳐야 합니다. 그렇기 때문에 다양한 가치와 경험을 이끌어 내주기가 힘든 것이겠지요.

그러나 사람은 빵만으로 살 수 없는 법입니다. 오늘날까지 많은 위인들은 빵보다도 진리와 선, 아름다움 등 가치 있는 것들을 추구했습니다.

지금보다 더 살기 어렵고 힘든 시대에서도 꿈과 용기를 잃지 않고 삶의 결실을 이루었던 것이지요.

모든 사람들이 위인 같은 지혜와 용기를 갖출 수는 없습니다. 모두가 위인이 되려고 애쓸 필요도 없지요. 사람마다 얼굴이 다르듯 우리 사회에는 남과 다른 나만의 꿈을 가진 사람이 필요합니다. 그러기 위해 훌륭한 스승이나 안내자가 필요하겠지요.

'철학자가 들려주는 철학 이야기' 시리즈는 자신만의 생각과 꿈을 펼치도록 도와주는 길잡이가 될 것입니다. 철학자들은 각기 다른 환경에서 자란 만큼 저마다 독특한 이론과 삶의 방식을 보여줍니다. 학생들은 그것들을 읽음으로써 자신의 삶에 대한 다양한 가치를 발견하는 데 큰 도움을 받을 것입니다.

이 책에서 소개하는 김시습은 조선 전기의 인물로, 어려서부터 신동으로 알려져 크게 촉망을 받던 사람입니다. 그는 세조가 단종을 몰아내고 왕위를 빼앗았다는 소식을 듣자, 벼슬자리와 부귀영화를 누리는 삶을 포기하였습니다. 기회가 있음에도 불구하고 대다수 사람들이 바라는 길을 김시습은 왜 포기하였을까요? 어떤 가치가 그의 삶을 결정하게 했을까요?

그는 당시 사상계를 대표하는 유교, 불교, 도교의 이론을 해박하게 습

득했지만, 어떤 사상에도 얽매이지 않고 조화롭게 받아들였습니다. 그가 지은 우리나라 최초의 소설 《금오신화》를 보면 이러한 그의 태도가 고스란히 녹아 있습니다.

김시습이 진정으로 바라던 세계는 무엇이며, 그가 아름답다고 여긴 삶은 어떤 모습이었을까요? 이 책을 통해 그 해답을 찾고, 여러분 자신이 꿈꾸는 아름다운 삶과 세상을 그려 보기를 바랍니다.

2008년 12월

이종란

C O N T E N T S

프롤로그

아침부터 우리 가족들은 부산스럽습니다. 여행을 갈 때면 매번 이렇게 정신이 없습니다. 무엇 하나 빠질까 다들 호들갑을 떨기 때문입니다. 그렇게 해도 막상 가면 꼭 무엇인가 하나는 빠뜨리기 마련입니다. 출발하기도 전에 마음은 벌써 여행지로 떠났으니, 물건을 제대로 챙길 수가 있겠어요? 그렇지만 우리 가족이 여행갈 때 꼭 빼놓지 않는 것이 한가지씩은 있답니다.

나는 애장품인 쌍안경을 챙깁니다. 내가 쌍안경을 챙기는 이유는 무엇보다 여행지의 구석구석을 잘 살펴보기 위해서지요. 내 나이 열두 살, 씩씩하고 명랑하며 잘 생겼지만 흠이 있다면 바로 키가 작다는 것! 이 작은 키 때문에 뭘 제대로 볼 수가 없단 말이지요. 가족들과 도깨비 시장에 가서 우연히 쌍안경을 보게 됐는데 글쎄, 내가 보던 세상이 다른 세상처럼 보였어요. 내 키의 한계로 볼 수 없었던 높은 곳, 그리고 먼 곳의 작은 부분까지 모조리 볼 수 있는 쌍안경이야말로 여행의 진정한 필수품 아니겠어요? 쌍안경은 정말 멋진 물건인 것 같아요.

아빠는 무릇 여행이란 잘 먹어야 한다는 신조를 갖고 계신 분답게 숯불 바비큐 장비를 잊지 않으십니다. 그래서 언제나 여행 첫날의 저녁 메뉴는 삼겹살 구이입니다. 삼겹살은 숯불에 구워야 한다는 아빠의 지론으로 오래 전부터 장만해 놓으신 숯불 바비큐 장비입니다.

엄마는 구급약 상자를 챙기십니다. 벌레에 물리거나 다치기라도 하면 엄마는 구급약 상자를 꺼내 쏜살같이 달려오시지요. 우리 집에서 제 걱정을 제일 많이 해 주시는 분은 바로 우리 엄마라니까요! 엄마는 결혼하기 전 간호사였습니다. 그래서 약은 엄마의 필수품입니다.

그리고 우리 윤미 누나. 누나가 항상 챙기는 것은 mp3입니다. 음악과 애인 없이 살 수 없는 사람이죠. 애인은 가족 여행에 데리고 갈 수 없으니 mp3만은 꼭 챙겨야 하겠지요? 언제나 음악을 듣고 있어서 몇 번씩 불러야 대답을 하는 누나 때문에 엄마는 당신의 목소리만 커졌다고 야단이십니다.

이렇게 우리 가족은 각자의 준비물을 챙기느라 부산합니다.

"자, 준비됐으면 그만 출발하자고!"

아빠가 벌써 준비를 다 하시고 말씀하십니다.

누나는 귀에 이어폰을 꽂으며 신발을 신습니다. 엄마는 무엇을 잊어

버리셨는지 자꾸만 뒤를 돌아보십니다. 그리고는 한숨을 푹 내쉽니다.

"엄마, 이렇게 좋은 날 웬 한숨이에요?"

나는 걱정스러워 묻습니다.

"추울 텐데……."

"아이, 괜찮아요. 벌써 봄이잖아요. 봄도 한창이라고요. 5월인데 춥긴 뭐가 추워요? 그리고 따뜻한 남쪽, 남원으로 가는데!"

나는 자꾸 엄마를 재촉합니다.

"그럼 겉옷이라도 하나 더 챙기든지."

아빠가 말씀하십니다.

"아니, 나 말고 동수 말이에요."

"엄마, 정말 나 괜찮다니까요! 이렇게 씩씩한 아들이 안 보이세요?"

나는 팔뚝에 힘을 주어 알통을 만들어 보입니다.

"이젠 괜찮을 거야."

아빠가 엄마의 어깨를 토닥이십니다.

"맞아요! 엄마는 걱정도 많다니까! 자, 얼른 출발해요!"

나는 절로 신이 나서 소리를 지릅니다.

"그래, 엄마 이제 출발해요."

윤미 누나가 이어폰을 빼고 늑장을 부리는 엄마에게 말합니다.

"그럼, 정말 이제 출발하는 거예요? 우와! 신난다!"

나는 환호성을 지르고, 한쪽 손을 번쩍 들며 '출발'을 외칩니다.

만복사 윷놀이

 대장부는 언제나 욕됨을 부끄러워하는 법. 세상의 눈치나 보면서

이리저리 이끌려 살아가겠는가?

— 김시습

1 만복사 절터

우리 가족이 여행을 온 곳은 바로 남원입니다. 지금은 춘향제 축제 기간이에요. 그래서 우리 가족도 이곳으로 여행을 온 것이지요. 바야흐로 계절은 봄이라 꽃과 나무가 형형색색 아름다움을 뽐내고 있습니다. 남원은 자연의 아름다운 색만큼 알록달록한 봄옷을 입은 사람들로 북적거립니다.

우리 가족이 제일 먼저 도착한 곳은 만복사 절터입니다. 지금은 역사와 함께 모두 사라지고 만복사지 석좌와 당간지주만이 남아 있지만, 그 규모는 과거 웅장했던 절터의 모습을 짐작하게 합니다. 그곳에서 내가 제일 인상 깊게 본 것은 바로 만복사지 석불입상입니다.

만복사지 석불입상은 고려 초기 만복사를 지으면서 함께 만든 것으로 바위에 부처가 서 있는 모습을 조각해 놓은 것입니다. 부처 바깥쪽에는 몸에서 발하는 빛을 묘사한 광배를 조각했는데, 안타깝게도 위쪽 일부가 없어졌습니다. 그래도 부처님 얼굴에 머금은 온화하고 인자한 미소를 보면 불상이 마치 살아있는 듯했습니다. 또 어깨로 부드럽게 흘러내린 옷자락과 원만한 굴곡을 이루는 몸매가 어우러져 자연스럽고도 우아한 느낌을 주었지요.

나는 만복사지 석불입상을 보느라 넋을 놓다가 문득 주위를 두리번거렸습니다. 방금 옆에 있었던 부모님이 보이지 않았기 때문입니다. 한참을 둘러보니 당간지주 앞에서 아빠가 엄마의 사진을 찍느라 정신이 없습니다. 엄마는 아빠에게 끌려 다니며 포즈를 취합니다. 억지로 끌려온 누나는 엄마 옆에 서 있지만, 통화를 하느라 정신이 없습니다. 누군지 물어보지 않아도 뻔하지요. 누나는 지금 애인과 통화 중입니다.

누나는 작은 회사에 다니는 회사원입니다. 학교 도서관에서 우연히 만난 선배와 벌써 2년째 사귀고 있답니다. 누나의 애인은 사법고시에 합격한 검사 지망생입니다. 내년에 결혼을 하기로 했지요. 그러니까 매형이 되는 셈입니다. 누나가 애인에게 푹 빠져 있으니 부모님은 '우리 아들 없었으면 섭섭할 뻔했구나!' 하시며 나를 더 귀여워하곤 했습니다. 어찌 보면 당연한 일이지요. 이렇게 잘생기고 믿음직스러우니…… 흠흠!

사진 찍기에 별 흥미가 없는 나는 이곳저곳을 둘러봅니다.

유모차를 밀며 다정히 걷는 가족, 커다란 솜사탕을 입에 물고 즐거워하는 꼬마, 비눗방울 총을 쏘며 도망가는 쌍둥이 형제, 연신 카메라 셔터를 누르는 아저씨, 누군가에게 소리를 지르는 아줌마, 느릿느릿 걷는 할머니와 할아버지…… 수많은 사람들이 분주하게 오가고 있었습니다. 아름다운 자연과 아름다운 사람들의 모습을 볼 수 있는 참 행복한 5월 한낮이었습니다.

이곳저곳을 둘러보다 사람들이 분주히 오가는 틈에서 마치 도인처럼 생긴 한 아저씨가 눈에 띄었습니다. 개량한복 차림의 아저씨는 마른 체형에 수염을 덥수룩하게 기르고 있었는데, 무엇인가 한참을 설명하고 있었습니다. 무슨 말을 하고 있는지 알아들을 수가 없었습니다. 주변 사람들도 아저씨의 말은 아랑곳하지 않고 지나쳤습니다. 그러나 아저씨는 계속해서 무슨 말인가 하고 있었습니다. 나는 아저씨가 대체 무슨 말을 저렇게 진지하게 할까 궁금하여 가까이 다가갔습니다.

2 부처님과 내기 한 판

"'그대가 좋은 아내를 얻고 싶다면 어찌 이루지 못할까? 무슨 걱정이 그리 많은가?' 이 말은 들은 양생은 마음속으로 기뻐했지요. 이튿날은 이 고을 풍속에 마을 사람들이 만복사에 모여 등을 달고 복을 비는 연등회가 펼쳐졌습니다. 지금 우리가 초파일에 등을 달고 복을 빌듯이 말이지요. 많은 사람들이 몰려와 부처님께 소원을 빌었습니다. 행사가 끝나고 저녁이 되자 양생도 부처님께 소원을 빌었습니다. 소매 속에 넣어 두었던 윷가락을 내던지며 말하기를 '제가 지금 부처님과 윷으로 내기를 하려고 합니다. 만약 제가 지면 제물을 바쳐 불공을 드리겠지만, 제가 이기면 아름다운 여인을 보내 주셔야 합니다' 하고 빌며 윷가락을 던졌습니다! 내기에서 양생은 법당의 궤 뒤에 숨어서 약속이 이루어지기를 기다렸지요. 그러자 갑자기 아름다운 처녀가 나타났지 뭡니까? 머리는 단정하고 거동과 용모는 선녀처럼 예뻤지요. 처녀는 기름병을 가져다가 불을 켜고 향을 피운 다음, 세 번 절하고 꿇어앉아 탄식하며 글을 읽었습니다. 그 내용은 좋은 남자가 있으면 점지해 달라는 내용이었지요."

나는 아저씨의 이야기를 듣다가 아하! 하고 그 이야기가 떠올랐습니다. 그것은 다름 아닌 김시습의 금오신화에 나오는 '만복사 윷놀이' 였어요. 예전에 어디선가 읽었던 기억이 났습니다. 아마도 아저씨는 관광 안내원인가 봅니다. 만복사 터에 대한 이야기를 사람들에게 해 주고 있으니까요. 만복사에 왔으니 김시습의 금오신화 정도는 알고 가는 것도 좋으련만 사람들은 듣는 둥 마는 둥 지나가는 것이 못내 아쉬웠습니다. 그냥 지나치는 사람을 개의치 않고 아저씨는 처녀와 양생이 서로 만나 인연을 맺는 이야기를 계속했습니다.

"노래를 부르고 웃으며 마침내 개녕동이란 곳에 갔는데, 쑥이 들판을 덮었고, 가시덤불이 하늘을 찔렀지요. 거기에 집 한 채가 있었는데 작지만 매우 화려했답니다. 양생을 맞이하여 방 안에 함께 들어가니 이부자리와 휘장들이 매우 잘 정돈되어 있었는데, 마치 어제 저녁에 늘어놓은 것 같았습니다. 양생이 여기서 사흘을 머물렀으나 즐거움은 한평생을 누리는 듯하였지요. 그런데 처녀가 양생에게 말하기를, '이곳의 사흘은 인간 세상의 삼 년보다 적지 않습니다. 이제는 댁으로 돌아가셔서 생업을 돌보셔야 합니다' 그리하여 드디어 이별의 연회를 시작했습니다. 이웃 사람들을 초대까지 하고 말이지요. 모두 처녀와 한동네에 사는 친척 처녀들이었는데 그들은 시를 지어 양생에게 선물로 주었습니다. 이윽고 작별 인사를 나눌 때가 되자 처녀는 은으로 만든 식기 한 벌을 양생에게 주면서 말했습니다. '내일 우리 부모님이 저에게 음식을 먹이기 위해 보련사에 오시는 날입니다. 낭군께서 저를 버리지 않으신다면 길에서 저를 기다렸다가 저와 함께 절에 가서 우리 부모님을 뵙도록 하는 것이 어떠한지요?' 양생은 흔쾌히 승낙을 하였습니다. 처녀의 말대로 이튿날 양생은 식기 한 벌을 들고 길에서 기다렸습니다. 그러니 과연 말과 수레와 함께 길게 늘어선 어느 대갓집 행차가 죽은 딸의 제사를 지내기 위해 보련사로 올라오고 있었습니다. 은 식기를 들고 길가에 서 있는 양생을 보더니 시종 가운데 한 사람이 말하기를, '아씨와 함께 두었던 물건이 벌써 도적을 맞았나 봅니다' 하는 게 아니겠어요? 주인 역시 그 말을 듣게 되었지요. 그들은 마침내 말을 멈추고 양생에게 은 식기에 대해 물었습니다. 양생이 그동안 있었던 일을 모두 이야기하자 처녀의 부모는 놀라면서도 감격에 겨워 한참 동안 말을 잇지 못했습니다. '나에게 딸 하나가 있었는데 왜적의 난리 때 적의 칼에 숨졌소. 무덤도 만들지 못하고 개녕사 근처에다 관 채로 놓아두고 여태 장례도 치르지 못했소. 오늘 비로소 그 애의 제삿날이라 부처님 앞에 재라도 올려 명복을 빌까 하였소. 그대가 약속한 대로 그 애와 같이 와 주면 어떻겠소.' 이렇게 부탁하고 처녀의 부모는 먼저 떠났습니다. 양생이 우두커니 기다리니 약속대로 처녀가 왔고, 둘은 손을 잡고 보련사로 들어갔습니다. 처녀는 절에 들어서자 부처께 예를 올리고 바로 뒤에 있는 흰 커튼 안으로 들어가 버렸지요. 그러나 양생 외에는 아무도 이것을 보지 못했답니다. 아니 보이지 않았지요."

어디선가 읽었던 이야기였지만, 아저씨를 통해 다시 듣게 되니

새삼 소름이 돋았습니다. 결국 양생이 만난 처녀는 귀신이라는 이야기니까요. 5월 한낮인데도 어쩐지 으스스한 기분이 들었습니다. 그만큼 아저씨는 실감나고 재미있게 이야기를 했습니다. 그런데도 사람들은 사진 찍는 데에 빠져서 이야기에 집중을 하지 않았습니다.

아무도 들어주지 않는 이야기를 여전히 열심히 하고 계신 아저씨가 안타까워 나는 더 적극적으로 이야기를 들었습니다. 이렇게 재미있는 이야기를 사람들은 왜 듣지 않고 그냥 지나갈까요? 잠시 가던 길을 멈추고 이야기를 듣는 것도 좋을 텐데…….

계속해서 나는 아저씨의 이야기를 들었습니다.

"'저는 마땅히 저승길로 떠나야 합니다. 이제 한번 헤어지면 다시 만나기 어려운데, 이별을 앞두고 쓸쓸하고 두려워 뭐라고 말해야 할지 모르겠습니다.' 이렇게 말하고 처녀의 넋이 떠나갈 때, 우는 소리가 문밖까지 들렸습니다. 그 때 처녀의 부모가 양생을 보고 부탁하기를 '은 식기는 그대가 쓰시오. 딸에게 땅이 좀 있고 시중꾼도 있으니 그대가 이것을 약속의 표시로 삼아 우리 딸애를 잊지 말아주시오.'라고 하였지요. 양생은 다음날 제물을 차려 처녀와 놀던 곳을 찾아가니 거기에는 과연 시체 하나가 임시로 안치

되어 있었습니다. 양생은 제문을 짓고 장례를 치러 주었답니다. 양생이 애정과 슬픔을 다하여 집과 밭을 모두 팔아 여러 차례 명복을 빌자 어느 날 처녀의 영혼이 말했지요. '낭군님의 정성에 힘입어 저는 이미 다른 나라에서 남자로 태어났습니다. 비록 저승과 이승이 다르다 하나 당신의 은혜를 잊지 않겠습니다. 당신도 다시 깨끗한 업을 닦아 윤회를 벗어나도록 하세요.' 양생은 그 뒤 다시 결혼도 하지 않고 지리산으로 들어가 약을 캐며 살았는데, 아무도 그의 종적을 아는 이가 없었답니다."

3 소설은 소설, 인생은 인생

아저씨의 만복사 윷놀이 이야기가 끝났습니다. 이 이야기는 어떤 주제를 담고 있을까요? 귀신과 사람의 사랑?

어쨌든 아저씨는 꿋꿋이 이야기를 끝낸 뒤 마른침을 삼키며 좀 쉬려는 듯 내 곁으로 다가와 벤치 위에 걸터앉았습니다. 아저씨는 긴 이야기로 목이 마른지 기침을 했습니다. 나는 그 사이 아저씨께 말을 걸었습니다.

"아저씨, 이야기 정말 재미있었어요."

조금 과장된 표현이었지만 그렇게 말했습니다. 아무도 들어주지 않는 이야기를 끝까지 한 아저씨가 조금 안쓰러웠기 때문이었습니다.

　"그랬니? 고맙다. 내 이야기를 들어준 사람이 있었구나."

　아저씨는 개구쟁이 같은 표정을 지었습니다. 그 모습이 참 재미있었습니다.

　"여기 매일 오세요?"

　"그럼. 매일 오면서 이것저것 하지. 양생이 부처님과 윷놀이 내기를 했던 것처럼 아저씨도 부처님과 윷놀이 내기를 했단다."

　아저씨는 진지하게 말씀을 하셨지만, 나는 코웃음을 쳤습니다.

　"에이, 거짓말!"

　아저씨의 농담은 정말 어이가 없었습니다.

　"진짜라니까!"

　"어떻게 부처님과 윷놀이 내기를 해요? 세상에 부처님이 어디에 있어요?"

　아저씨는 나를 어린애로 보고 농담을 한 모양입니다.

　"어디에 있긴? 여기도 계시고 저기도 계시고 내 안에도 계시고 네 안에도 계시지?"

아저씨는 여기저기 손가락으로 가리키시며 말씀하셨습니다.

"아저씨, 지금 제가 어린애라고 놀리시는 거죠?"

"아니야, 정말 부처님과 내기를 했다니까."

"그래서요?"

나는 아저씨의 말이 거짓인 줄 알았지만, 진지한 모습으로 말하는 걸 보니 정말일지도 모른다는 생각이 들었습니다. 일단 아저씨의 겉모습도 보통 사람과는 달라 보였으니까요. 마치 도인 같은 모습이 정말 양생이 환생이라도 한 것처럼 느껴졌습니다.

"내가 이겼지!"

"에이……."

아저씨가 윷놀이에서 이겼다는 말씀을 하시자 다시 의심이 들었습니다. 어쩌면 아저씨는 양생과 자신을 혼동하고 있는지도 몰랐지요. 그렇지만 어쩌면 아저씨의 말씀이 사실일 수도……. 나까지 혼란스러워졌습니다.

"그래서 곧 나의 소원도 이루어질 거야."

"양생처럼요? 예쁜 아가씨를 보내 달라고 하셨나요? 아저씨 소원은 뭐예요?"

나는 일단 아저씨의 말을 믿기로 했습니다. 그러고 나니 아저씨의 소원이 무엇인지 궁금해졌습니다. 그리고 그 소원이 정말 이루어질지도 궁금했고요.

"그러니까 내 소원은……."

아저씨는 한참 동안 뜸을 들이셨습니다. 무언가 말씀하실 듯하면서도 말을 잇지 못하셨습니다. 나는 기다리다 못해 말했습니다.

"거봐요! 다 거짓말이지."

나는 좀 시큰둥해졌습니다.

"네 이름이 뭐니?"

갑작스런 아저씨의 물음에 나는 의아했습니다.

"동수요. 임동수!"

"동수야, 너 혹시 금오신화 이야기가 어떻게 만들어졌는지 아니?"

아저씨의 갑작스런 질문에 나는 조금 당황하였습니다.

"뭐, 김시습이라는 사람이 썼는데…… 불교랑 도교 사상이 나타난 글이고, 그러니까 세조가 단종을 귀양 보내 죽이고……."

알고 있는 이야기인데도 말을 하려니 쉽지 않았습니다.

"그래, 동수가 잘 알고 있구나. 네가 말한 대로 김시습은 세조가 단종을 귀양 보내 죽이고 왕위를 빼앗자, 과거시험을 포기하고 세

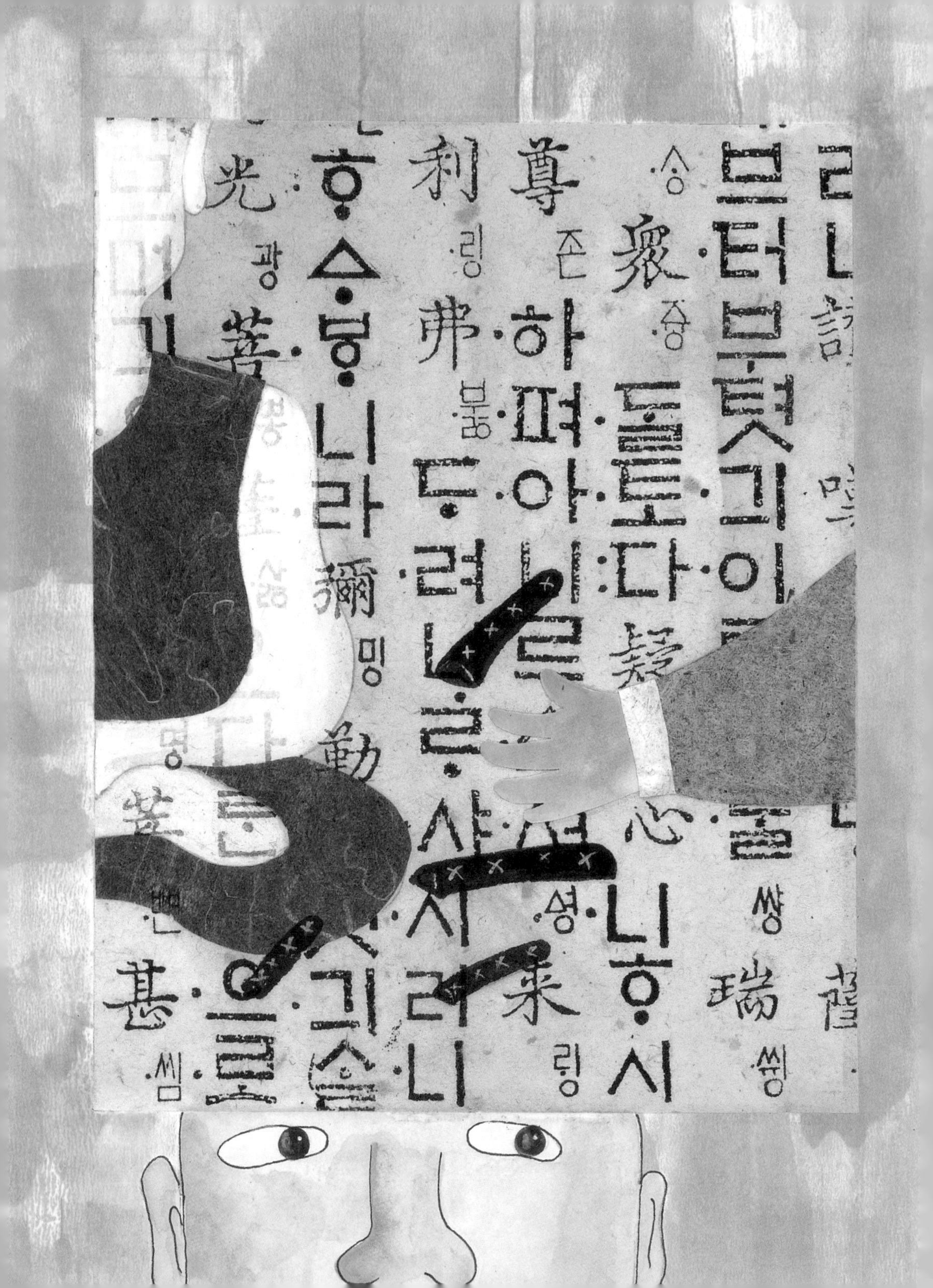

상을 등진 인물이야. 바른 도리가 아니면 벼슬도 마다하고 두 임금을 섬기지 않겠다는 지조가 있는 선비였지."

"소설 같은 문학 작품에는 그 당시 사회에서 일어난 일들이나 작가의 인생이 들어가 있다던데, 김시습도 그런 역사적 사실을 소설로 쓰고 싶었던 거예요?"

나는 아저씨가 김시습이란 인물에 대해 설명하자, 아저씨의 의도를 알 것 같았습니다.

"그렇단다. 처녀를 죽인 왜적은 세조를 상징하고 처녀는 죽은 단종이며 양생은 김시습 자신이라고 할 수 있지. 양생이 죽은 처녀의 혼령과 혼인했지만, 끝까지 그 처녀를 위해 복을 빌고 나중에는 결혼도 하지 않고 지리산에서 살다가 죽은 것은 바로 김시습 자신이 단종을 그리워했기 때문이었겠지. 그런데……."

아저씨는 거기까지 말하고 한숨을 내쉬더니 한참 동안 말을 잇지 못했습니다.

"그런데, 지금 우리의 모습은 어떠니? 과거의 세조처럼 불법으로 권력을 얻은 권력자를 따르는 정치가들, 권력에 기대는 학자들, 자신의 이익이라면 남의 아픔은 아랑곳하지 않는 이기적인 우리들의 모습 말이야."

아저씨는 또 말을 잇지 못했습니다. 아저씨는 뭔가 사연이 많은 사람처럼 보였습니다. 그렇지 않고서 저렇게 심각할 수 있겠어요? 아저씨가 무슨 말을 하려는지 이해가 되지만 가슴 깊이 느껴지지는 않았습니다. 소설은 소설이고, 인생은 인생이니까……

그것보다 다른 궁금증이 있습니다. 아까 아저씨가 거짓말처럼 한 이야기 말이에요. 그래서 아저씨는 어떤 소원을 빌었을까요? 정말로 아저씨가 부처님과 윷놀이 내기를 해서 이기고 소원을 빌었다면 말이에요. 심각해진 아저씨에게 그 소원이 무엇이냐고 묻지 못하고 망설이고 있는데 아저씨는 엉덩이를 털고 일어나셨습니다.

"나는 이제 슬슬 가 봐야겠다."

"저…… 아저씨……."

나는 아저씨를 붙잡으려고 했습니다. 그런데 아저씨는 어느새 마치 귀신처럼 홀연히 관광객 사이로 사라졌습니다. 갑작스럽게 일어서서 가는 바람에 미처 붙잡지 못했습니다. 마치 바람이 휙, 지나가는 것처럼 사라졌으니까요.

나는 아저씨가 사라진 곳을 멍하니 바라보다 다시 두리번거렸습니다. 가족을 찾기 위해서였지요. 누나는 여전히 애인과 통화

중인가 봅니다. 아예 버드나무에 기대어 낄낄대며 휴대전화를 붙잡고 있었습니다. 만약, 나도 아저씨처럼 부처님과 윷놀이 내기를 해서 이긴다면 무슨 소원을 빌까요? 또 누나와 부모님의 소원은 뭘까요? 갑자기 그것이 궁금했습니다.

누나 곁으로 다가갔습니다.

"누나!"

나는 큰 소리로 누나를 불렀습니다. 부르는 것도 모르고 통화만 하는 누나가 너무나 얄미웠습니다.

"누나!"

나는 다시 한 번 소리를 질렀습니다. 누나는 여전히 나를 돌아보지 않았습니다. 만약 나에게도 소원을 빌 수 있는 기회가 있다면, 얄미운 누나와 애인이 헤어지게 해 달라고 빌 것이라고 마음먹었습니다.

"저 얄미운 닭살 커플이 깨지게 해 주세요!"

나는 중얼중얼 기도했습니다.

"응, 나도! 다시 태어나도 오빠만 좋아할 거야."

누나는 나의 소원에도 아랑곳하지 않고 또 저런 말을 합니다.

"치, 누나 같은 성격에 또 여자로 태어나면 정말 큰일이지!"

나는 레슬링 선수로 환생한 누나를 상상했습니다.

"으이그! 끔찍해라!"

나는 낄낄대며 엄마, 아빠를 찾아 두리번거렸습니다. 부모님은 법당에서 기도를 하고 있었습니다.

"엄마, 아빠! 만약에 부처님께서 엄마 아빠의 소원을 한 가지 들어주신다면 어떤 소원을 빌 거예요? 있잖아요, 만복사 앞에서……."

나는 부모님 곁에서 얘기를 꺼내려다가 그만두었습니다. 엄마, 아빠가 너무나 진지했기 때문이었습니다. 분명히 엄마, 아빠는 내기에 지더라도 지극 정성으로 부처님께 소원을 빌어 바람을 꼭 이룰 것 같았습니다.

철학 돋보기

김시습(金時習 : 1435~1493)

김시습은 조선 초기의 학자이자 문인으로 생육신의 한 사람입니다. 본관은 강릉이며, 자는 열경(悅卿), 호는 매월당(梅月堂)·청한자(淸寒子)·동봉(東峰)·벽산청은(碧山淸隱)·췌세옹(贅世翁), 법호는 설잠(雪岑)입니다.

김시습은 한양의 성균관 부근에서 태어났습니다. 어렸을 때부터 총명하여 신동이라는 소문이 퍼져 세종대왕에게 불려 가 재주를 보이자, 앞으로 크게 쓰겠노라고 약속을 했다고 전합니다. 그 뒤 사서삼경을 비롯하여 많은 역사책과 여러 사상가들의 책을 읽었습니다.

김시습이 삼각산 중흥사에서 공부하던 21세에 수양대군이 단종을 죽이고 왕위를 빼앗은 소식을 들은 김시습은 보던 책들을 모두 모아 불살랐습니다. 그리고 스스로 머리를 깎고, 절을 떠나 전국 각지를 유랑하기 시작하였습니다. 그것은 당시 사대부들이 꿈꾸던 과거 시험을 통하여 벼슬길에 나아가는 것을 포기한 것이었습니다.

　유랑의 시기에 그는 많은 글을 남겼습니다. 1463년 가을, 서울에 책을 구하러 갔다가 효령대군의 권유로 세조가 진행하던 불경의 한글 편찬 사업에 참가하여 궁궐 안에 있는 불당에서 교정(校正)을 맡아 보기도 했습니다. 하지만 평소에 경멸하던 정창손이 영의정이 되고 김수온이 공조판서를 맡게 되자, 현실을 비관하여 31세 때인 1465년 봄, 다시 경주로 내려갔습니다. 그리고 금오산(金鰲山)에 집을 짓고 살았습니다. 그곳에서 우리나라 최초의 한문 소설인 《금오신화(金鰲新話)》가 탄생하게 됩니다.

　그는 성종이 왕위에 오르자 1471년 37세에 서울로 올라와 생활하였습니다. 47세에는 돌연 머리를 기르고 고기를 먹으며 안 씨를 아내로 맞아 생활하다가, 이듬해 '폐비 윤씨 사건'이 일어나자 다시 방랑의 길로 나섰습니다. 이렇게 정처 없이 떠돌다가 마지막으로 찾은 곳이 충청도 무량사였습니다. 이곳에서 59세의 나이에 병으로 생을 마감하고 말았습니다.

　그는 죽기 전에 자신의 시신을 화장하지 말라고 유언했습니다. 그래

서 그의 시신이 절 옆에 안치되었는데, 3년 뒤에 장사를 지내려고 관을 열어보니 얼굴색이 살아 있을 때와 같았으므로 사람들은 그가 부처가 된 것이라 믿었습니다. 유해는 불교식으로 화장을 하여 유골을 모아 부도에 안치하였다고 합니다. 현재 충청남도 부여군 무량사에 그 부도와 초상화가 있습니다.

《금오신화(金鰲新話)》

금오신화는 김시습이 30대에 지은 우리나라 최초의 단편 한문 소설집입니다. 그래서 국문학사적으로 볼 때 매우 가치 있는 작품입니다. 현재 전해지고 있는 것은 〈만복사저포기(萬福寺樗蒲記)〉, 〈이생규장전(李生窺墻傳)〉, 〈취유부벽정기(醉遊浮碧亭記)〉, 〈남염부주지(南炎浮洲志)〉, 〈용궁부연록(龍宮赴宴錄)〉 이렇게 다섯 편입니다.

이 다섯 작품의 제목이 한자로 되어 어려운 듯 보이지만, 풀이하면 '만복사에서 윷놀이 한 이야기', '이생이 담 너머를 엿본 이야기', '취하여 부벽정에서 논 이야기', '남 염라국에서 있었던 일', '용궁 잔치에 갔던 일 이야기' 입니다.

이 작품들의 공통적 특징은 모두 우리나라 사람을 등장인물로 하여 우리의 풍속이나 감정을 담은 것입니다. 또한 금호신화에서는 주인공의 애절한 마음을 시로 표현했습니다. 그리고 귀신이나 용왕, 용궁, 선녀 등이 등장하기도 하는데 소재가 특이한 것도 특징으로 꼽을 수 있습니다. 이것은 김시습이 그것을 믿기 때문에 등장시킨 것이 아니라, 그것을 통해 자신이 표현하고자 하는 주제를 효과적으로 나타내기 위한 것이었습니다. 정작 김시습은 신비주의나 미신을 배척하는 입장입니다.

금오신화의 다섯 이야기에서 주인공들은 모두 세상을 등지고 사는 것으로 결말지어집니다. 이것은 운명에 대한 순응이나 삶에 대한 패배가 아니라 당시 그릇된 현실을 인정하지 않겠다는 작가의 굳은 의지로 해석할 수 있습니다.

이생이 담 너머를 엿보다

 늙어도 정열만은 새로워지고, 필봉(筆鋒)은 한층 더 날이 서 가네.

— 김시습

1 누나의 러브스토리

"배고프다! 너무 힘들어요."

누나가 볼멘소리를 했습니다.

"누나가 뭐가 힘들어? 애인하고 통화만 했으면서! 모름지기 이런 곳에 왔으면 자연을 감상하고 옛 정취를 느껴야지, 전화만 붙들고 있었으면서……. 근데, 나도 배가 슬슬 고파진다."

"그래, 그럼 우리 식당에 들러 밥 먹고 다시 둘러보자."

우리는 근처 식당으로 가서 산채비빔밥을 시켰습니다. 큰 함지

박에 먹음직스럽게 나온 비빔밥을 넋이 나간 듯 바라보았습니다. 우리 가족은 큰 함지박에 모두 숟가락을 꽂고 같이 먹었습니다. 밥그릇에 조금씩 담아 먹을 때보다 더 맛있었습니다. 역시 밥은 여러 사람이 함께 먹어야 제맛이라니까요!

누나의 휴대전화가 울리기 시작했습니다. 누나는 전화를 받더니 큰 소리를 내며 다투는 듯했습니다. 뭐, 사랑싸움이겠지요. 큰 소리로 싸우다가도 금방 사랑 타령을 하니까 나는 별로 신경 쓰지 않았습니다.

그런데 누나의 통화 내용이 좀 심각한 것 같습니다. 누나는 갑자기 화를 내며 전화를 끊더니 마침내 배터리까지 빼 버렸습니다. 그 모습을 보자 조금 미안한 마음이 들었습니다. 누나와 애인이 헤어지게 해 달라고 소원을 빌었던 게 생각났기 때문입니다.

'정말, 그럴 마음은 아니었는데…… . 장난이었다고!'

그렇게 말하고 싶었지만, 누나가 몹시 심각해 보여서 차마 그럴 수가 없었습니다.

엄마 아빠도 그 분위기를 느꼈는지 조용히 비빔밥만 먹고 있었습니다. 누나가 이유 없이 애인과 통화하다가 싸우는 것이라고 생각하지 않았기 때문일 것입니다. 말하자면 길지만, 누나는 사랑에

목숨을 걸었다고 할 수도 있지요. 아직 내 나이 열두 살이라 사랑에 대해서는 잘 모르지만, 어쨌든 '사랑은 아름다운 거라는 것' 이라는 진리를 아는 나이랍니다.

둘 사이에 대체 어떤 사연이 있었기에 사랑이란 감정이 생길 수 있을까요? 그것이 궁금했지만 누나는 한 번도 가족들에게 남자친구의 이야기를 해 준 적이 없답니다.

"왜 싸우고 난리야? 뭐가 문제라고."

"히히. 엄마 아빠, 우리 얘기해 줄까요?"

누나는 별일 아니라는 듯 웃음으로 엄마 아빠를 안심시키더니, 처음으로 애인과의 러브스토리를 들려주기 시작했습니다.

암자를 내려오는 윤미는 자꾸 발이 미끄러졌다. 산이 높고 험한 탓이기도 하지만, 억지로 등이 떠밀리듯, 못내 아쉬운 발걸음이었기 때문이다. 몇 달째 소식이 없던 경완이가 전라남도 어느 산 암자에 있다는 소식을 들었을 때, 윤미는 모든 일을 제치고 버스를 탔다. 버스에 탈 때만 해도 경완을 만날 수 있을 거란 희망에 기뻤다.

"이곳은 수행하고 공부하는 분들이 계신 곳입니다. 외부인의 출

입이 엄격히 제한된 곳이지요. 진정으로 그분을 위하신다면 그만 돌아가 주십시오."

기쁨도 잠시, 스님의 무겁고 낮은 목소리에 윤미는 발걸음을 돌릴 수밖에 없었다. 터벅터벅 돌아서는 무거운 발걸음이 휘청거리며 쓰러질 것만 같았다.

윤미와 경완이 처음 만난 곳은 대학 도서관이었다. 휴대전화의 진동음이 울리자 경완은 윤미에게 주의를 주었다.

"도서관에서는 휴대전화를 꺼 주세요. 이곳은 여러 사람들이 조용히 공부하는 곳입니다. 그 정도 예의는 모두가 알고 있는 상식이죠."

"죄송해요."

"그게 아니라 휴대전화를 꺼 달라고요. 진동소리가 피해를 주잖아요. 여기 공부하는 사람들도……."

"휴대전화를 끄면 연락을 못 받게 되잖아요."

"어차피 공부 중인데 공부 끝나고……."

"알았어요, 끄면 되잖아요!"

윤미는 주의를 주는 그의 행동이 옳은 것이란 걸 알면서도 조용한 도서관에서 버럭 소리를 지르고 말았다. 자신의 잘못을 알고 난처해 하는 윤미에게 굳이 주의를 주는 남학생의 태도가 얄미웠던 것이다. 결국 작은 소란을 일으킨 그와 윤미는 모두 도서관에서 쫓겨나게 되었다.

첫 만남이 로맨틱하지는 못했지만, 윤미와 경완은 이렇게 알게 된 것을 계기로 사랑하는 사이로 발전하게 되었다. 도서관에서 휴대전화 진동음을 눈치 주던 그는 윤미에게 끊임없이 전화를 했다. 함께 만나는 순간에도 문자를 보내며 자신의 마음을 표현하는 경완에게 윤미는 사랑을 느끼게 되었다.

법학을 공부한 경완은 고시에 집중해야만 했다. 그런데 윤미와의 교제 사실을 알게 된 그의 부모님이 시험에 합격할 때까지 만나지 말라며 경완을 산중 암자로 보내 버렸다. 윤미는 수소문 끝에 그가 묵고 있는 암자로 찾아갔으나, 문전박대를 당했다.

암자에서 경완의 얼굴 한 번 보지 못하고 돌아온 윤미는 그만 앓아 눕게 되었다. 아무것도 먹지 못한 채 앓고 있는 윤미를 바라보는 부모님의 마음은 안타까울 뿐이었다. 급기야 윤미는 정신을 잃고 병원에 입원하고 말았다.

윤미는 오랫동안 꿈을 꾸었다. 언덕 위에서 경완과 나무를 심는 꿈이었다. 나무는 쑥쑥 자라 달고 고소한 초콜릿 열매를 맺었다.

서로가 사랑하는 마음이 달콤한 초콜릿으로 언젠가 결실을 맺을 거라고 생각하며, 윤미는 잠에서 깨지 않았다.

"이대로 포기할 순 없어."

윤미는 문득 그런 생각을 했다.

사람들은 윤미에게 말했다. 진정으로 경완을 사랑한다면 그가 공부에 전념할 수 있도록 헤어지라는 것이었다. 그러나 윤미는 사랑하는 사람을 위해서 포기해야 할 것이 있다면 자신을 희생하면 될 뿐 서로의 사랑을 포기해서는 안 된다고 생각했다. 그래서 윤미는 사랑하는 그를 위해서 자신을 희생하기로 했다.

윤미가 겨우 눈을 떴을 때, 안쓰럽게 자신을 바라보고 있는 부모님의 얼굴이 보였다. 그리고 조용히 눈물을 떨어뜨리는 경완이 보였다.

"죄송해요……."

"괜찮아. 네가 괜찮으면 우리도 괜찮아."

부모님은 윤미의 부탁으로 경완에게 방을 마련해 주셨다. 그리고 윤미는 경완을 뒷바라지했다.

"나 때문에 부모님께 상처를 드리고 윤미가 희생하는 거 아니야? 힘들어 하는 것 같아서 싫어."

경완은 윤미의 손을 꼭 잡았다. 윤미도 그의 손을 꼭 잡았다.

"평강공주가 바보온달을 왕으로 만든 것처럼 지혜로운 내가 바보 같은 당신을 검사로 만들기 위해 이렇게 하는 거라고. 그러니까 나의 사랑은 당신을 위해서가 아니라 정의로운 사회를 위해서라고 할 수 있지."

경완이 웃고 말았다. 경완은 자신이 시험에 합격하는 것만이 윤미를 위한 일이라 생각하고 열심히 공부하였다. 결국 그는 시험에 합격했고, 이 사실을 알게 된 경완의 부모님도 윤미와의 결혼을 승낙하셨다. 아름다운 신부로, 지혜로운 신부로, 사회정의를 구현할 현명한 신부로 태어날 날을 꿈꾸며 윤미는 그동안의 고생이 모두 잊혀지는 듯했다.

2 사랑이란 자연스러운 감정

이야기를 마친 누나는 휴대전화 배터리를 다시 꽂았습니다. 자신이 힘들게 지킨 사랑을 누구보다 가슴 아파 한 이들이 가족들이며 자신이라는 사실을 잘 알고 있기 때문일 것입니다.

"자, 이제 배도 부르니 도자기 체험장으로 가야지?"

아빠가 먼저 일어나셨습니다.

"그러니까 앞으로 잘 좀 해!"

나도 아빠를 따라 일어섰습니다.

도자기 체험장에 모여든 사람들은 개성에 맞게 모두 다른 도자기를 빚고 있었습니다. 한 차례 사람들이 빠져나가고 우리 가족이 물레를 차지하고 앉았습니다. 나는 발을 구르며 물레를 돌렸습니다. 하지만 흙덩이만 빙글빙글 맴돌았습니다. 그 때 도자기 만드는 법을 가르쳐 주기 위해 도우미 아저씨 한 분이 다가왔습니다.

"어? 아저씨? 아까…… 만복사…… 맞죠?"

나는 깜짝 놀랐습니다. 도우미로 오신 아저씨는 바로 만복사 절터에서 《금오신화》이야기를 하던 분이었습니다.

"일단 흙을 가운데 놓고 아기를 다루듯 흙을 감싸고……."

"아저씨! 맞잖아요! 그렇죠?"

나의 말을 못 알아들었는지, 아니면 모른 척하는 것인지 아저씨는 나를 알아보지 못했습니다.

"말을 타고 발을 구르듯 이렇게 차면서 돌리면 되는 거란다."

"아휴, 정말 답답해 죽겠네. 그러니까 아저씨, 부처님과 한 내기 윷놀이 소원이…… 휴!"

아저씨는 여전히 내 말에 아랑곳하지 않고 도자기 만드는 법을 가르치느라 여념이 없었습니다. 나는 더 이상 묻기를 포기하고 도자기를 빚었습니다.

"자, 이제 모양을 잡아야 하니까 이렇게 손으로 쓸어 올리면서 물레를 돌리는 거야. 너무 힘을 주면 모양이 흐트러지고, 그렇다고 너무 힘을 주지 않으면 모양이 만들어지지 않지. 서로 사랑하는 사이처럼 말이야. 서로를 아끼면서 적당한 거리를 두어야 하는 것이지."

"사랑하는 사이처럼……."

아저씨의 설명을 듣다 보니 누나의 사랑 이야기가 생각났습니다. 그리고 누나 애인의 부모님이 두 사람의 사랑을 반대했다는 말도 생각났습니다.

"그래요, 사랑! 서로 좋아한다는데 그게 뭐가 그렇게 나빠요?"

나는 대뜸 그렇게 말했습니다. 아저씨가 눈을 동그랗게 떴습니다. 뜬금없는 나의 말이 아저씨의 주목을 끌었습니다.

"하하하! 네 말대로 남녀가 서로 좋아하는 일이 뭐가 나쁜 일이겠니?"

"그렇죠? 그런데……."

나는 도자기를 빚으면서 아저씨께 소설 같은 누나의 사랑 이야기를 해 주었습니다. 내 이야기를 진지하게 듣던 아저씨가 말씀하셨습니다.

"송도에 이생이라는 사람이 있었어."

"어? 아까는 양생 이야기를 하셨는데, 그럼 이것도 금오신화 이야기인가?"

아저씨는 내 말에 대꾸도 없이 이야기를 계속하셨습니다.

"나이는 열여덟 살로 뛰어난 외모를 지닌 촉망받던 수재였어. 국학에 다니며 늘 길옆에서 시를 읽었지. 그리고 선죽리라는 곳에는 대갓집 처녀 최씨가 살고 있었어. 나이가 열대여섯쯤 되는 처녀로 자태가 아름답고 수를 잘 놓았으며 시와 글을 잘 지었어. 그래서 당시 사람들이 최 낭자와 이 도령을 노래할 정도로 유명해졌지."

"우와, 딱 어울리는 한 쌍이네! 과연 우리 누나와는 딴판이야. 히히."

아저씨가 내 말에 살짝 미소를 지으셨습니다.

"이생이 책을 끼고 국학으로 갈 때는 늘 최 낭자의 집 앞을 지나갔지. 뒷담 밖에는 수양버들 수십 그루가 빙 둘러서 있었는데 이생은 그 아래에서 쉬기도 했어.

하루는 이생이 그 집 담장 안을 엿보니 꽃은 만발하고 벌과 새는 다투어 노래를 했어. 그 곁에 조그마한 다락집이 있었는데, 주

렴으로 반쯤 가리고 휘장을 낮게 드리웠어. 그 안에서 한 미인이 수를 놓다 멈추고 턱을 괸 채 노래를 불렀지."

"아하, 그 낭자가 최 낭자지요?"

나는 이생이 된 것처럼 괜히 설레었습니다.

"허허, 그래. 그러나 대문은 높고 문은 멀리 있어 가까이 갈 수 없는 이생은 참으로 안타까웠지. 돌아오는 길에 이생은 시 세 수를 쪽지에 적어 기와 조각에 묶은 다음 담 안으로 던졌지."

"그거, 연애편지죠? 뻔하지, 뭐!"

"그렇단다. 최 낭자는 이생의 시를 세 번이나 읽으면서 무척 기뻐했단다. 최 낭자도 즉시 쪽지에 '날이 저물거든 꼭 만날 수 있습니다'라고 써서 이생에게 던져 보냈지. 이생은 그 말대로 날이 어두워져서 다시 그곳으로 갔는데 복숭아나무 한 가지가 담장 위로 가로놓여 있고 거기에 그넷줄이 매여 있지 않겠니? 이생은 즉시 그넷줄을 타고 담 안으로 넘어갔어. 처녀는 벌써 뜰에 나와서 꽃송이를 머리에 꽂은 채 항아와 함께 이생을 기다리고 있었어."

"정말 설레는 로맨스네요!"

나는 얼굴이 붉어졌습니다.

"두 사람은 시를 지어 서로 화답을 하였는데 최 낭자가 얼굴을

붉히면서 말했어. 저는 본래 당신을 모시고 아내의 도리를 지켜 길이 행복을 누리고자 했는데 무슨 말씀을 그리 절박하게 하십니까? 저는 비록 여자의 몸이지만 마음이 아무렇지도 않은데 어찌 대장부로서 이 같은 말씀을 하십니까? 이 일이 발각되면 부모님의 꾸지람은 제가 받겠습니다, 하고 말이야. 왜냐하면 이생이 이 일을 걱정하는 시를 지었기 때문이야."

"최 낭자의 심정이 딱 우리 누나였네요."

나는 이제야 누나의 마음이 이해되는 것 같았습니다.

"그러고 나서 두 사람의 사랑은 더욱 깊어졌어. 그러나 이생의 마음은 무거웠어. 옛 성인의 말에 '부모가 계시거든 외출할 때는 반드시 가는 곳을 알리라고 했는데 지금 나는 부모님을 살펴 드리지 못한 지가 벌써 사흘이나 되었소. 부모님은 분명 내가 돌아오기만을 바랄 것이니 이건 자식된 도리가 아니군요' 하고 이생은 집으로 돌아갔는데 아버지는 그런 아들을 꾸짖어 경상도 울주로 쫓아 버렸지."

"맞아요! 경완이 형이 산중 암자로 쫓겨난 거나 마찬가지예요."

나는 어쩜 우리 누나 러브스토리와 꼭 들어맞는지 신기할 따름이었습니다.

"그 소식을 들은 최 낭자는 쓰러져 병이 들고 말았어. 그 사실을 안 최 낭자의 부모는 딸을 살리려고 이생의 집에 매파를 보내어 청혼을 했고 이생의 집에서는 결국 허락을 하게 되었어. 이 소식을 들은 이생은 뛸 듯이 기뻤지. 물론 최 낭자의 병도 낫고 말이야. 혼인을 치른 후 이생은 결국 과거에 급제하여 벼슬에 오르게 되었지."

"우와! 어쩜! 우리 누나 이야기랑 똑같을까요? 우리 누나도 그래서 아주 힘들었던 때가 있거든요. 경완이 형은 사법고시에 합격하고 지금 검사가 될 준비를 하고 있고요. 그리고 내년에 결혼도 할 거예요."

"그래, 이 이야기를 하게 된 것도 너희 누나 이야기와 비슷해서 들려주고 싶었기 때문이야. 이렇듯 남녀가 느끼는 사랑의 감정은 아주 자연스러운 것이란다."

"저도 그렇게 생각해요. 그렇지만 제가 알기로는 《금오신화》에는 도교사상도 있지만 유교적인 사상도 있다고 들었는데, 유교라면 부모님께 효도하는 건 기본 아니에요? 이생은 부모님을 살피지 않고 사흘씩이나 집을 떠나 있었어요. 그건 유교적인 입장에서 볼 때 자식의 도리가 아니잖아요?"

"그렇지. 유교란 부모에게 효도하고 조상을 잘 받들며 어른을 공경하고 나라를 위해 충성을 다하는 것을 내용으로 삼고 있지. 유교는 죽어서 천당에 가기 위한 종교가 아니라, 이 땅에서 인간답게 사는 것을 중요하게 여기는 종교란다. 부모와 자식, 남편과 아내, 임금과 신하, 어린 사람과 나이든 사람, 친구 사이에서 지켜야 할 예절을 중요시하여 부모의 승낙 없는 남녀 사이의 자유연애 같은 건 용납이 안 되지."

"그러니까 말이에요. 이생과 최 낭자의 사랑이 《금오신화》 안에서 어떻게 가능했던 거예요?"

"좋은 질문이야. 김시습이 살았던 조선 초기도 유교적 질서가 자리 잡혀 가던 때였어. 부모의 승낙 없이 자유연애를 한다는 것은 상상도 못할 때였지. 그러나 김시습은 남녀가 서로 사랑하는 감정은 잘못된 것이 아니라, 자연스러운 것이라는 점을 작품을 통해서 말하고 있는 거야. 유교적 예법이나 질서에 얽매이지 않고 자유롭게 인간의 본성을 긍정하고 존중한 작품이라고 평가할 수 있는 거야."

"그러니까 김시습은 벼슬을 하지 않고 자유인처럼 방랑하며 살았으니까, 사회의 예법보다 자연스런 본성을 중요시 여겼단 말이지요?"

"잘 이해했구나. 제법인데? 그러나 김시습 자신도 그런 사회적 예법이나 유교적 틀을 깨려고 일부러 그런 작품을 쓰지는 않았어. 문학작품이 여러 가지 비유와 상징으로 만들어진 것이라고 볼 때, 연애 이야기를 연애 이야기로만 보지 말고 다른 각도로 해석해 보는 것도 좋을 것 같구나. 대개 옛날이야기에 나오는 남녀는 임금과 신하일 수도 있거든."

"갑자기 남녀의 연애 이야기에서 임금과 신하가 나오니까 머리가 아파요. 마치 역사를 공부하는 것처럼……."

"하하하! 어쨌든 사랑이라는 감정은 인간의 본성이야. 그걸 종교나 교리를 내세워 억압하는 것은 좋지 않지. 그러나 사랑에는 언제나 책임이 따른단다. 너희 누나가 애인을 위해 뒷바라지를 한 것이나, 누나 애인이 성실하게 공부한 것처럼 서로에게 책임감을 갖고 사랑을 나눌 때 더욱 빛이 나는 것이지."

"멋진 말씀이에요! 사랑에는 책임이 따른다! 히히, 나에게도 그런 사랑의 감정이 자연스럽게 찾아오겠지요?"

나는 부끄러웠습니다. 내가 짝사랑하는 우리 반 친구 해린이가 생각났기 때문이었습니다.

"그렇게 이야기는 해피엔드로 끝난 거예요?"

"흠……. 그렇진 않아. 회자정리(會者定離)라 만나면 곧 헤어지는 법. 그 두 사람에게도 슬픈 이별이 찾아오지."

"왜요? 무슨 일이에요?"

나는 뒷이야기가 무척 궁금했습니다. 그때 엄마의 목소리가 들렸습니다.

"윤미야, 이제 그만 가자!"

"엄마! 저 아직 다 못 만들었어요!"

나는 크게 소리를 질렀지만, 물레가 돌아가는 소리가 시끄러워서 들리지 않으신 모양이었습니다. 벌써 누나와 함께 출구 쪽으로 나가고 계셨습니다.

"아저씨! 뒷이야기가 궁금하긴 하지만 전 이만 가 봐야겠어요."

아저씨는 아무 말씀 없이 빙그레 웃으셨습니다. 나는 아저씨와 헤어지는 것이 아쉬운데 아저씨는 아무렇지 않은가 봅니다. 회자정리라……. 만나면 헤어져야 한다는 이치를 너무 잘 알고 계셔서 그런가요? 어쨌든 조금 섭섭했습니다. 그러나 섭섭해 할 틈도 없이 부모님과 누나가 눈앞에서 멀어져가자 마음이 급했습니다. 나는 뛰기 시작했습니다.

"자, 잠깐만요! 이 임동수도 데려가야죠!"

나는 헐레벌떡 부모님을 따라나섰습니다.

김시습과 유교사상

　옛사람들은 김시습을 '겉모습은 스님이나 행동은 유학자'라고 일컬었습니다. 이것은 그의 사상에 유교와 불교적인 요소가 섞여 있음을 대변해주는 것이기도 하지만 마음이나 행동이 유학자라는 그의 참모습을 말하기도 합니다.

　물론 그가 공부한 유학이란 성리학입니다. 성리학의 가장 중요한 생각은 '인간의 성품이 곧 천리(性卽理)'라는 점입니다. 김시습도 성리는 하늘이 명한 것으로 사람이 하늘로부터 받아서 실제적인 리(理)가 내 마음에 갖추어져 있는 것이라고 이해했습니다.

　그런데 이같이 '인간의 성품이 곧 천리'라고 해서 성리학자들의 견해가 모두 일치하는 것은 아닙니다. 우주의 발생 순서나 원인 즉, 이 세상의 근원적인 문제 등에서 조금씩 차이를 보이기도 합니다. 주자의 경우 태극이 곧 리라고 보는데, 그것은 음과 양의 기보다 리가 먼저 있다는

점을 말하는 것입니다. 그는 태극이 먼저 있은 후 음양의 기와 만물이 순차적으로 생겨나는 것이라 생각했습니다.

그런데 김시습은 "태극(리)이 음양(기)이며 음양은 태극[1]이다. 음양[2] 밖에 따로 태극이 있다면 음양이 될 수 없으며 태극 안에 따로 음양이 있다면 태극이라 할 수 없다"고 주장하며, 리와 기가 분리되지 않고 있음을 말합니다. 가령 효도라는 이치가 있을 때, 애초에 태극과 음양이 따로 있다고 하는 주자의 주장대로라면 부모와 자식의 관계를 떠나서도 효도의 이치가 어딘가에 있다고 하는 것이 됩니다. 하지만 태극이 곧 음양이라는 김시습의 견해를 따르면, 부모와 자식이라는 관계를 떠나서는 효도의 이치가 따로 있을 수 없습니다.

그래서 그는 더 명백하게 말합니다.

"일찍이 듣건대 세상의 리(理)란 하나뿐이다. 하나란 무엇인가? 둘이 없다는 말이다. 리란 무엇인가? 성(性)[3]일 뿐이다. 성이란 무엇인가? 하늘이 명령한 것이다. 하늘이 음양(陰陽)과 오행(五行)[4] 을 가지고 만물을 변화시켜 생기게 하는데, 이때 기(氣)로써 형체를 이루고 리 또한 주를 이루었다. 이른바 리라고 하는 것은 일상 생활에 있어서 각각의 조리를 말한다. 말하자면 아비와 자식 사이에는 친함을 극진히 하고, 임금과 신하 사이에는 의리를 돈독히 하고, 부부와 친구 사이에 있어서도 각기 응당 행해야 할 도리가 있는 법이다. 이것이 이른바 도라는 것으로 리가 우리의 마음에 갖추어진 것이다."

—《금오신화》, 〈남염부주지〉 중

이렇듯 김시습은 성리학적 세계관을 통해 자연현상을 기로써, 만물의 탄생과 소멸을 기의 모임과 흩어짐으로 설명했습니다. 그리하여 불교의 극락·지옥설, 인과응보설[5], 귀신이 복을 주고 화를 준다는 각종 종교적 미신을 반대했습니다.

(풀이)

1. 태극(太極) : 성리학에서 말하는 우주의 근본원리
2. 음양(陰陽) : 물질에 속하는 음기(陰氣)와 양기(陽氣)

3. 성(性) : 성리학에서 말하는 인간이 태어나면서부터 갖는 본성

4. 오행(五行) : 고대 동양에서 말하는 다섯 가지 물질의 원소인 수(水:물), 화(火:불), 목(木:나무), 금(金:금속), 토(土:흙)의 성질

5. 인과응보설(因果應報說) : 불교의 이론 중 하나로, 원인이 있으면 결과가 있듯이 모든 현상은 원인에 따라 결과가 정해진다고 하는 설

취하여 부벽정에서 노닐다

 서글퍼 웃노라, 인간 세상 이다지도 좁음을. 광활한 중국 땅도
털끝만 하거니.

— 김시습

1 달을 꿈꾸는 누각, 완월정

우리 가족은 다시 차를 타고 광한루로 갔습니다. 춘향과 이 도령의 아름다운 사랑과 정절, 그리고 잘못된 사회상에 항거하는 불굴의 정신이 담겨 있는 광한루는 수려한 경치를 뽐내고 있었습니다. 아름드리나무가 에워싼 광한루에는 춘향과 이 도령이 서로 사랑의 시를 읊는 소리가 들리는 것 같았습니다.

연못에는 비단잉어들이 유유히 헤엄치고 있었는데, 마치 춤을 추는 듯 보였습니다. 그 위로 오작교가 있는데 오작교는 견우와

직녀가 일 년에 한 번, 칠월 칠석날 만났다는 오작교에서 이름을 딴 것이라고 했습니다. 이생과 최 낭자, 춘향과 이 도령, 그리고 누나와 경완이 형의 사랑이야기를 들어서일까요? 광한루는 사랑으로 꽉 찬 것처럼 보였습니다.

춘향제로 사람들이 북적였습니다.

"춘향제는 단순한 축제가 아니야. 민족의식의 고취와 춘향의 절개를 이어받고자 하는 민족의 깊은 애정이 담긴 축제지. 식민지하에 일본 경찰의 갖은 압력에도 굴하지 않고 해마다 제사를 지내며 광복을 기렸던 민족의 독립 정신이 깃든 곳이기도 하고."

아빠의 설명에 누나는 고개를 끄덕였습니다. 어쩌면 자신의 사랑도 춘향의 사랑처럼 고귀하고 높은 정신을 담은 사랑이 되기를 바라고 있을지 모르겠습니다. 아빠는 춘향제에 대해 여러 가지 설명을 더 해 주었습니다.

그러나 뭐니뭐니 해도 춘향제의 백미는 바로 춘향선발대회가 아닌가 하고 생각했습니다. 벌써부터 춘향선발대회가 열리는 곳에는 사람들이 몰려들었습니다. 꽃처럼 예쁜 누나들이 알록달록 고운 한복을 차려입고 걷는 모습이란 마치 선녀가 구름 위로 사뿐히 내려앉는 것처럼 보였습니다.

수많은 인파를 뚫고 앞으로 나아갔습니다. 왜냐하면 내 작은 키로는 춘향 누나들이 잘 보이지 않았기 때문입니다. 사람들 무리 속을 한참 뚫고 가다가 번뜩 생각이 났습니다.

"아참! 부모님과 누나가 걱정하시겠다."

나는 두리번거렸습니다. 그러나 사람들이 너무 많아 부모님과 누나를 찾기가 어려웠습니다. 나는 잠깐 당황했지만, 침착하게 마음을 가라앉혔습니다. 조용한 곳에서 기다리고 있으면 부모님과 누나가 나를 찾으러 오겠지요.

이렇게 사람이 많은 곳에서는 한자리에 가만히 있는 것이 상책입니다. 아홉 살 때 놀이공원에서 부모님을 잃은 적이 있었는데 그때 터득한 지혜랍니다. 울거나 소리 지를 필요 없이 그 자리에 가만히 있으면 부모님이 찾아왔습니다. 방송에 알리는 일 따위는 유치원생을 잃어버렸을 때나 하는 일이니까요.

그러나 이곳은 사람이 너무 많아 부모님이 나를 찾기가 어려울 것 같긴 하네요. 한산한 곳으로 가서 부모님을 기다려야겠습니다.

광한루 출입문을 열면 제일 먼저 보이는 완월정으로 갔습니다. 완월정은 지상의 사람들이 천상의 세계를 꿈꾸며 달나라를 즐기기 위해 지은 것으로, 달이 뜨는 동쪽을 향해 있는 수중 누각입니다. 또한 그곳은 이몽룡이 춘향이가 그네 타는 모습을 보고 사랑에 빠졌던 곳이라고 합니다.

　나는 완월정에 올랐습니다. 아래로 지나가는 사람들을 유심히 살폈지만 부모님은 보이지 않았습니다. 해가 뉘엿뉘엿 지고 있었습니다. 걱정은 되었지만 다리가 아파서 좀 쉬어야 할 것 같았습니다. 나는 구석에 털썩 주저앉으려다 화들짝 놀랐습니다. 옆자리에 누군가 누워 있었기 때문입니다.

　"에구, 깜짝이야!"

　나도 모르게 소리를 질렀습니다.

　"나도 놀랐다. 이 녀석아!"

　아저씨는 눈을 비볐습니다.

　"어? 또 아저씨네?"

　나는 다시 한 번 소리쳤습니다. 옆에 누워 있던 아저씨는 아까 그 아저씨! 그러니까 사람들에게 《금오신화》 이야기를 들려주고 도자기 빚는 법을 가르쳐 주었던 바로 그 아저씨였습니다!

　"아저씨! 여기는 또 웬일이세요?"

　"이 녀석이 뭘 잘못 먹었나? 여긴 웬일이냐니?"

아저씨는 태연하게 말씀하셨습니다.

"아까…… 그러니까 방금 전에 도자기 체험장에 계셨잖아요?"

"에라, 녀석아!"

아저씨는 내 머리를 콩 쥐어박았습니다.

"난 아까부터 여기서 낮잠을 즐기고 있었는데 네 녀석 때문에 깼단 말이야!"

"어? 아닌데……."

나는 고개를 절레절레 흔들었습니다.

"아이고, 벌써 해가 기울었네? 아함, 낮잠 한번 잘 잤다!"

아저씨는 지는 해를 바라보며 기지개를 폈습니다.

"정말, 오늘 이상한 하루네? 우연히 계속 만나는 아저씨도 그렇고 매번 나를 몰라보는 것도 그렇고……."

나는 혼잣말처럼 중얼거렸습니다.

"비 맞은 중마냥 뭘 그렇게 혼자 중얼 거리냐? 어린애가 이런 데 혼자 와 있고."

"전 어린애가 아니에요. 곧 청소년이 된단 말이에요!"

"어린애고 청소년이고 왜 이곳에 혼자 올라와 있느냔 말이다."

"춘향선발대회에서 한눈파는 사이 부모님과 누나를 잃어버렸어

요. 아니, 잃어버린 게 아니라 나만 두고 다른 곳으로 가신 모양이에요. 에이, 아무리 내가 어린애가 아니라고 말했다지만 이렇게 나를 안 챙겨주시냐? 그래도 하나뿐인 아들인데……."

나는 부모님께 섭섭한 마음이 들었습니다.

"이 녀석, 뭘 또 그렇게 중얼거려?"

"어쨌든, 부모님을 잃어버렸는데 찾기 전까지는 잠깐 쉬려고요. 어린애도 아니고 곧 찾을 수 있겠지요, 뭐."

나는 시무룩하게 말했습니다.

"그러니까 너 지금 춘향선발대회를 보느라 넋이 나가서 부모님을 잃어버렸단 말이냐?"

"맞아요. 우와, 정말 춘향선발대회에 나온 누나들은 다 선녀 같더라고요. 어쩜 하나같이 다 그렇게 예쁜지……. 아저씨도 그렇게 생각하시죠?"

"이 녀석! 하하하! 그래, 네 말대로 절세가인들이지. 암, 그렇고 말고."

아저씨는 나의 모습이 우스웠는지 크게 웃었습니다. 그러나 곧 내 말에 동의하였습니다. 뭔가 통하는 아저씨라는 생각이 들었습니다.

"그렇지만……."

아저씨가 잠시 말을 멈추고 뭔가 생각하고 있었습니다.

"아무리 예쁜 여자라고 해도 그 여자만큼 예쁜 여자는 아직까지 본 적이 없지."

아저씨는 꿈을 꾸듯 말씀하셨습니다.

"그 여자라니요? 어떤 여자요?"

갑자기 태도가 변한 아저씨를 보니 뭔가 재미있는 이야기가 나올 것만 같습니다. 나는 아저씨 곁으로 바짝 다가가 앉았습니다.

"내가 이곳에 날마다 오게 된 것도 모두 그 여자 때문이란다. 혹시 그 여자를 다시 볼 수 있을까 해서……."

아저씨는 여전히 꿈을 꾸듯 혼잣말만 하셨습니다. 나는 정말 궁금해서 죽을 것만 같았습니다.

"그러니까 그 여자가 누군데요?"

나도 모르게 소리를 쳤습니다. 아저씨가 갑자기 웃으셨습니다.

"하하하! 날 상사병에 걸리게 만들었던 절세가인!"

아저씨는 크게 심호흡을 하시고 이야기를 들려주었습니다.

2 절세가인의 노래

대학 재학 중에 학생운동을 했던 나는 정학을 맞고 고향에 내려
왔지. 내 고향이 바로 이곳 남원이란다. 귀향한 나를 위로한다고
찾아온 친구들과 술판을 벌였고, 나는 그만 거나하게 취하고 말았
지. 학생운동에 뜻을 둔 이후로 한 번도 후회를 해 본 적이 없던
나였는데, 고향에 내려와서 그런지 마음이 몹시 혼란스러웠어. 나
는 이런저런 생각을 정리하기 위해 혼자 이곳 완월정으로 왔단다.
달을 보며 흔들리는 마음을 다시 잡아 볼 생각으로 말이야.

그런데 완월정에 올라오던 나는 그 자리에 멈추어 서고 말았어. 어디선가 들려오는 아름다운 노랫소리 때문이었어. 나는 정신을 차리고 아름다운 노랫소리를 따라 완월정에 올랐어. 더욱 놀란 것은 그 노랫소리의 주인공을 보고난 후였어. 달보다 더 환하게 서 있는 한 여인의 모습. 나는 마치 하늘에서 내려온 선녀를 보는 듯했지. 취기가 싹 가시더라고. 내가 올라온 기척을 느꼈는지 여자가 노래를 멈추었어.

"방해하고 싶지는 않았는데……"

나는 목을 가다듬고 말했어.

"아니에요. 달을 보러 오신 모양인데 오히려 제가 방해가 되었나요? 아무도 없어서 노래 연습을 좀 하려고……."

여자의 목소리는 노랫소리만큼이나 아름다웠어.

"노래 연습이라니요? 가수나 성악가이신가요?"

"호호, 아니요. 이번 춘향선발대회에 참가하는데 장기를 준비하라고 해서……. 별다른 재주가 없어서 노래를 부르려고요."

여자가 수줍은 듯 말했어.

"별 다른 재주가 없으시다니요. 노래가 아니어도 아가씨의 아름다움은 능히 춘향과 견줄 만합니다."

과장이 아니었어. 정말 누구라도 그 여자를 춘향이로 뽑을 것 같았지.

"사실은 춘향이에 뽑히는 게 목적이 아니에요."

"그럼?"

나는 좀 의아했어. 춘향선발대회에 나가면서 춘향이로 뽑히는 게 목적이 아니라니?

"사실 저는 학생운동을 하는 대학생이에요. 그런데 학생운동이라 하면 저희 부모님은 물론, 많은 사람들에게 빨갱이라는 인식이 있더라고요. 우리는 자유롭게 생각하고 모두가 살기 좋은 세상을 만들기 위해 정정당당하게 주장을 하는 것뿐이에요. 그런데 다른 사람들은 그걸 불순하게 여기는 것이 아쉬워 진실을 알리기 위해 춘향대회에 참가하게 된 것이랍니다."

나는 너무나 반갑고 기뻤어. 나 역시 학생운동을 하는 대학생이어서가 아니라 참다운 학생운동에 대해 당당하게 앞장서려는 여자의 마음 때문이었지.

"당신은 아름다운 외모만큼이나 마음도 예쁘시네요."

나는 여자에게 고향에 내려오게 된 이유, 그리고 앞으로 뜻을 굽히지 않고 학생운동을 할 것이라는 다짐 등을 이야기하게 되었어. 여자는 자신과 같은 생각을 갖고 있어서 그런지 나에게 아주 친절했지. 한마디로 우리는 첫 만남에서 마음이 딱 맞았던 거야. 여자는 연습을 하면서 먹으려고 가져온 인삼주와 안주를 내놓았어. 우리는 술에 취해, 이야기에 취해, 또 휘영청 밝은 달빛에 취해 밤이 깊은 줄도 몰랐지. 나는 이미 술을 마신데다 또 여학생과 술을 마시게 되어 완전히 취해 버렸지.

"완월정이 천상계를 꿈꾸며 달을 즐기는 곳이라더니 과연 그런가 보네요. 오늘 당신을 만난 것은 어쩌면 천상계의 선녀를 만난 것이 아닌가 싶어요. 감히 한 가지 청해도 될까요?"

여자는 취했는지, 부끄러운지 얼굴이 발그레해졌어.

"저도 몹시 기분이 좋은데 어떤 청이든 들어드리지 못할 것이 있겠어요?"

여자의 말에 나는 용기 내어 부탁했어.

"저…… 아까 당신의 목소리를 듣고 나는 숨이 멎는 줄 알았어요. 사람의 목소리라고 하기에는 너무나 아름다웠지요. 그런 당신의 노래를 다시 들어볼 수 있을까요?"

"물론이죠. 저와 뜻을 같이 하신 분이니 당연히 들려드리지요."

나는 몹시 기대했어. 여자는 홀연히 일어나 노래를 부르기 시작했지.

"쓸쓸한 달빛 아래 내 그림자 하나 생기거든 그땐 말해 볼까요~ 이 마음을 들어나 주라고 문득 새벽을 알리는 그 바람 하나가 지나거든 그저 한숨 쉬듯 물어볼까요~ 난 왜 살고 있는지 나 슬퍼도 살아야 하네~ 나 슬퍼서 살아야 하네~ 이 삶이 다하고 나야 알 텐데 내가 이 세상을 다녀간 그 이유 나 가고 기억하는 이, 나 슬픔까지도 사랑했다 말해 주길~."

나는 노래를 부르는 그녀의 모습을 보며 숨조차 쉴 수가 없었어. 과연 천상의 목소리였지. 여자가 부르는 노래는 조수미의 〈나 가거든〉이라는 노래였어. 이 노래의 뮤직비디오에 나오는 명성황후의 얼굴이 눈앞에 펼쳐지는 듯했지. 명성황후가 일제에게 시해당하는 장면, 웅장하고 비장한 장면이 눈앞에 펼쳐졌어.

나는 문득 소름이 돋았어. 노래를 부르는 여자의 표정이 마치 명성황후의 표정을 보는 듯했어. '내가 조선의 국모다' 하며 일본 경찰의 칼에 죽어가던 여자의 비장한 표정 말이야. 여자의 노랫소리가, 그리고 명성황후의 그 표정이 계속 반복되며 내 머리와 귀에 맴돌았어. 달빛은 아무것도 모른다는 듯 청정하게 밤을 밝히고 있었지.

아! 정말 아직도 생생해.

그러다 술에 취해 노래에 취해 나도 모르게 잠이 들었던 모양이야. 잠을 깨고 보니 새벽빛이 스며들고 있었어. 어렴풋이 잠에서 깬 나는 어리둥절했어. 완월정에는 나 혼자뿐이었거든. 여자는 어디에도 없었지. 어젯밤 일이 꿈인 듯 우리가 마주 앉아 술잔을 기울였던 흔적도 깨끗이 사라지고 말이야. 하지만 여자의 노랫소리만큼은 여전히 내 귓전을 맴돌고 있지.

"그 후로 나는 매일같이 이곳을 찾아오게 됐어."

"아저씨 말은 거짓말이에요."

"어째서?"

"조수미의 〈나 가거든〉 노래는 불과 몇 년 전에 나온 노래잖아요. 그 여자 분이 이, 삼십 년 전에 어떻게 그 노랠 부를 수가 있었겠어요? 말도 안 돼."

"아니야, 정말 생생했어. 틀림없이 그 노래였다니까!"

아저씨는 완월정을 빙 둘러보시며 바로 어제 일처럼 흥분해서 설명하셨습니다. 내가 믿지 않자 무척 답답하신 모양이었습니다. 그래서 난 그냥 속는 셈치고 믿기로 했지요.

어쨌든 난 아저씨가 말씀하신 그 여자 분의 얼굴이나 노랫소리가 무척 궁금했습니다. 아저씨의 말을 듣고 나니 나도 꼭 한번 그 여자 분의 노래를 들어보고 싶었습니다.

"그래서 결국 그 분을 또 만나셨나요?"

나는 그 다음이 무척 궁금했습니다. 결국 그 여자 분과 만나 사랑하게 되었는지 말이지요.

"아니."

아저씨는 힘없이 말씀하셨습니다.

"왜요?"

"왜긴, 이 녀석아! 만날 수 없었으니 못 만났지."

"왜요? 춘향선발대회에 나간다고 했으니 그곳에 가서 또 찾아보면 되지요."

나는 답답해서 가슴을 쾅쾅 쳤습니다. 그렇게 아름다운 여자를 놓쳤다는 것이 말이 되나요? 어떻게 해서든지 또 만나야 할 것 아닌가요?

"그게……."

"왜요?"

"여자는 춘향선발대회에 나오지 않았어. 나도 다시 그 여자를 만날 수 있을까 해서 춘향선발대회에 찾아갔는데, 나오지 않았더라고. 노래와 술에 취해 이름도 연락처도 알아 두지 않았으니 더이상 찾을 길도 없었고."

"휴!"

나는 한숨이 나왔습니다. 너무나 안타까웠기 때문이었지요. 아저씨는 왜 연락처조차 묻지 않았을까요? 하기야 그렇게 긴장되고 떨리는 순간에 갑자기 '전화번호 좀 알려 주세요' 할 수는 없었겠지요.

"아마도……."

아저씨가 천천히 말했습니다.

"그 여자는 이 세상 사람이 아니었는지도 몰라."

"엥? 그건 무슨 말씀이세요?"

"선녀가 아니었을까? 하늘에서 내려온 선녀. 그러니까 만날 수 없었는지도……."

"혹시……."

나는 아저씨의 눈치를 살폈습니다.

"뭐? 말해 봐!"

내가 뜸을 들이자 아저씨가 다그쳤습니다.

"혹시 술에 취해 꿈을 꾸신 건 아니에요?"

아저씨는 또 내 머리를 '콩' 쥐어박았습니다.

"이 녀석아! 내가 아무리 취했다고 현실과 꿈을 착각하겠냐? 진짜라니까! 아직도 노랫소리가 생생한데……."

"그런데 어떻게……."

"어떻게 못 만났냐고? 흠……. 세상엔 말로 설명하기 힘든 희한한 일들이 많단다. 살다 보면 말이야."

"치, 어른들은 설명하기 힘들면 항상 '살아 보면 다 알게 돼' 하신다니까!"

"그게 이치니까 그렇지. 이 녀석아!"

아저씨는 그 여자 분을 생각하는지 먼 곳을 지그시 바라보았습니다.

"어쨌든 아름다웠던 그 여자를 생각하니 이야기 하나가 떠오르는구나."

"무슨 이야기요?"

아저씨는 이야기하는 데 재주가 있는 것 같았습니다. 아저씨의 이야기를 듣다 보면, 내가 실제로 그때 그 자리에 있었던 것처럼 아주 생생하게 느껴지거든요.

3 부벽정의 미인

"평양은 옛 조선의 나라였단다."

"평양이요? 지금 북한의 수도 말이죠?"

"그래, 평양에는 명승지가 많은데, 영명사(永明寺) 부벽정(浮碧亭)도 바로 그 중 하나지. 영명사는 고구려 동명왕의 구제궁(九梯宮)이란다. 평양성 밖 동북쪽에 있는데, 아래로 큰 강을 굽어보고 멀리 넓은 평야를 바라보는 곳이지. 배들이 몰려와 상인들이 머물게 되면 꼭 이 곳을 거슬러 올라와 여기서 마음껏 즐기다가 돌아가곤 했어. 부벽정 남쪽에는 돌을 깎아 쌓은 계단이 있는데, 그 왼쪽이 청운제이고 오른쪽이 백운제였어. 조선 세조 때 송도에 홍생이라는 부자가 있었단다. 그는 젊고 잘생겼으며 멋을 알고 글도 잘 지었어. 팔월 한가위 보름을 맞이하여 동료들과 함께 베 옷감을 싣고 평양에서 비단실과 교역하기 위해 대동강 기슭에다 배를 대었지. 평양성 안에 있던 명창들은 모두 성문에 나와 그를 맞이했으며, 또 성 안에 살던 옛 친구 이생도 연회를 베풀어 노고를 위로해 주었어.”

나는 아저씨의 이야기가 아직 뭔지는 잘 모르겠지만, 양생, 이생, 홍생 하는 걸로 봐서 《금오신화》 이야기가 아닌가 싶었습니다. 아저씨께 물어볼까 생각했지만 이야기를 끊으면 흥이 나지 않을 것 같아 그냥 참고 들었습니다.

“홍생은 연회에서 술에 취해 배에 돌아왔지만 밤바람이 너무 좋아서 잠을 이룰 수가 없었어. 그래서 조그마한 배에 달빛을 가득 싣고 노를 저어 강을 거슬러 올라갔지. 흥이 깨면 돌아올 참이었어. 배가 도착한 곳은 바로 부벽정 아래였지. 그는 갈대 포기에 닻줄을 매고 계단을 올라와 부벽정 난간에 몸을 기댔지. 그리고 눈앞에 펼쳐진 정경을 바라다보며 시를 읊기도 하고 휘파람을 불기도 했어."

아저씨의 이야기가 길어지자, 나는 양생, 이생, 홍생······ 이름들에 왜 다 '생' 자가 들어가는 것인지 궁금해서 참을 수가 없었습니다.

"아저씨!"

"응?"

"궁금해서 못 참겠어요. 아저씨가 지금 이야기하시는 거 《금오신화》 맞죠? 그죠?"

"오호, 눈치 챘니? 맞아."

"근데 거기 나오는 사람들은 왜 성씨만 다르고 이름이 모두 '생'으로 끝나요? 혹시 이야기에 나오는 사람들이 모두 같은 사람이에요?"

"하하하! 그게 궁금해서 못 참겠다는 거였니? '생'은 선비라는 뜻이야. 양 선비, 이 선비, 홍 선비. 마치 지금 우리가 김씨, 이씨, 박씨 하는 것처럼."

"음, 별것 아니었네? 히히"

"그럼, 사소한 궁금증이 풀렸으니 이야기는 계속해도 되겠냐?"

"네!"

나는 다음 이야기가 궁금했습니다.

"달빛은 바다 같고 물결은 비단결처럼 곱게 흘렀지……."

아저씨는 여자 분의 이야기를 말할 때처럼 감상에 푹 젖어 이야기했습니다. 그 모습이 너무 재미있어서 웃음이 나오려고 했지만 꾹 참았습니다.

"홍생은 시를 지은 후 손뼉을 치고 일어나 춤을 추고 시를 읊었어. 시를 다 읊고 돌아가려는데 문득 발소리가 들리더니 서쪽에서 누군가 오는 사람이 있었지. 자세히 보니 뜻밖에도 한 미인이었어. 시녀들이 좌우에서 모시고 오는데, 위엄이 있고 거동이 엄숙한 것을 보아 대갓집 처녀인 듯했어. 홍생은 계단을 내려와 담장 틈에 숨고 그들이 하는 일을 엿보았어."

"어? 어쩐지 아저씨의 아름다웠던 여자 분 같은데요?"

"미인은 남쪽 난간에 몸을 기대고 달빛을 바라보면서 작은 소리로 시를 읊었어. 그리고 맑은 목소리로 말했어. 이곳에서 시를 읊던 사람이 있었는데 지금 어디에 계신가요?"

"어? 홍생이 숨어 있는 걸 알았나 봐요!"

"맞아. 홍생이 이 말을 듣고 두렵기도 하고 기쁘기도 하여 작은 기침 소리를 내었어. 그러자 미인은 어려워하지 말고 올라오라 했어. 시녀가 낮은 병풍으로 미인 앞을 가렸으므로 상반신만 서로 볼 수 있었지. 미인이 홍생에게 아까 읊던 시를 들려달라고 해서 들려주었더니, 자기와 함께 시를 이야기할 만한 사람이라고 칭찬했어.

그리고 미인은 곧장 시녀를 시켜 술상을 차려 오게 하고 술을 권하는데, 그 술안주는 모두 인간 세상의 음식 같지 않았어. 홍생이 시험 삼아 안주를 먹어 보니 딱딱해서 씹어 먹을 수도 없었고 술맛 또한 써서 마실 수 없었단다. 미인은 웃으며 말했어. 속세의 선비가 어찌 신선이 먹는 백옥의 단술과 붉은 새끼 용의 육포를 알아보겠습니까?"

"그럼 그 미인이 선녀가 맞네요?"

"맞아, 선녀였어. 미인은 시녀를 시켜 가까운 절에서 음식을 가져오게 했어. 음식을 먹은 후 서로 시를 주고받으며 놀았는데 홍생은 미인이 떠날까 봐 걱정이 되었지. 그래서 긴 시를 써 줄 것을 부탁했어. 미인은 금방 시를 쓰고 하늘 높이 솟아서 날아가 버렸어. 미인이 떠날 때 시녀를 시켜 말을 전했지. '상제 명령 지엄하니 흰 난새가 끄는 수레 타고 떠납니다. 좋은 이야기를 다하지 못하여 내 마음을 슬프게 합니다' 하고. 갑자기 회오리바람이 일어

홍생 곁을 스치더니 미인이 남긴 시 두루마리가 어디로 갔는지 알 수가 없었어. 홍생은 선녀를 추억하면서 시 한 수를 읊고 난 후 배를 타고 되돌아왔지."

"거봐요!"

"또, 뭘!"

"이 이야기랑 아까 아저씨 이야기랑 비슷하잖아요! 아까 아저씨가 말씀하신 아름다운 여자 이야기는 다 지어낸 거죠?"

"아니라니까! 사실이야. 내가 겪었던 일과 이 이야기가 비슷해서 해 주는 거라니까! 이 녀석, 듣기 싫으면 말아라. 나도 너한테 사실을 믿어 달라고 안 할 테니!"

아저씨는 팔짱을 끼며 고개를 돌리셨습니다.

"아, 아니에요! 아저씨 이야기 다 믿을게요. 빨리 나머지 이야기 해 주세요."

나는 아저씨 팔에 매달렸습니다. 그렇다고 치사하게 이야기를 멈출 게 뭐람!

"크크크, 그럼 계속할까?"

아저씨의 능청에 나도 웃음이 났습니다.

"그 뒤 홍생은 미인을 사모한 나머지 마음의 병이 들어 몸이 점점 수척해 갔어. 홍생이 집으로 돌아갔을 때 정신은 황홀하여 흐릿하고 헛소리만 할 지경이었지. 결국 홍생은 자리에 누워 일어나지 못하게 되었어.

그러던 어느 날 홍생은 꿈에서 단정한 미인을 보았어. 그 미인이 말하길, '주인아씨께서 옥황상제께 말씀을 올렸더니 상제께서 당신의 재주를 아까워하시고 당신에게 하늘의 벼슬을 내리셨습니다' 하는 거야. 홍생은 '상제의 분부이니 어찌 거역하겠습니까?'라고 대답하고는 놀라 깨어났단다.

홍생은 목욕을 하고 새 옷으로 갈아입었어. 또 집 안을 깨끗이 청소하게 하고 자리를 깔아 향불을 피우게 했지. 그러고서 턱을 괴고 잠깐 누웠는데 문득 죽었으니, 그게 구월 보름날이었단다. 홍생은 죽은 지 며칠이 지나도 얼굴빛이 조금도 변하지 않았어. 사람들은 홍생이 선녀를 만나 신선으로 변한 것이라고 철석같이 믿으며 말했지. 끝!"

아저씨가 장난스럽게 '끝!' 하고 말씀하셨지만 나는 한참 동안 멍하니 있었습니다. 그리고 생각에 잠겼습니다.

"그럼, 홍생도 신선이 되었다는 말씀?"

"이야기를 듣고도 질문이냐?"

"하하하!"

나의 갑작스런 웃음에 아저씨는 눈이 동그래져서 나를 쳐다보았습니다.

"그렇다면, 하하하! 결국 아저씨가 만났던 여자 분은 선녀였고, 아저씨도 죽으면 신선이 될 거라는 말씀이신 거잖아요? 그런 거짓말이 어디 있어요?"

"거짓말이라니! 내 이야기는 사실이라니까! 몇 번을 말해야 알겠냐? 그리고 계속 강조하지만, 지금 말한 《금오신화》이야기는 내가 겪었던 일과 비슷해서 이야기해 준 것뿐이야."

"어쨌든요! 하하하!"

나는 웃음을 멈출 수가 없었습니다.

"하긴 믿든 말든 그건 내 알 바 아니지. 나는 잠시 화장실에 다녀와야겠다."

아저씨는 엉덩이를 털며 자리에서 일어났습니다.

"죄, 죄송해요! 놀린 건 아니라고요. 그냥……."

나도 아저씨를 따라 일어섰습니다.

"넌 어디 가려고?"

"아니, 뭐……."

나는 아저씨와 헤어지는 것이 아쉬웠습니다.

"부모님과 누나를 찾고 있다고 하지 않았니?"

"아, 네."

나는 아저씨가 단단히 화가 나신 거라고 생각했습니다. 너무 많이 웃은 것도 죄송했고요.

"아저씨."

"왜? 너도 화장실에 가련?"

"아니오."

나는 머뭇거리며 말했습니다.

"그럼, 잘 가라."

아저씨는 뒤도 돌아보지 않고 가셨습니다. 나는 아저씨의 뒷모습을 보았습니다. 아저씨는 어느새 인파 속으로 사라지고 없었습니다. 나는 깜짝 놀랐습니다. 정말 신선인가? 아무리 사람이 많은 곳이라지만 어떻게 저렇게 눈 깜짝할 사이에 사라지지? 나는 어리둥절했습니다. 그 때 부모님의 모습이 보였습니다. 두리번거리는 모습이 부모님도 나를 찾고 있는 것 같았습니다.

"아빠! 저 여기 있어요!"

나는 소리를 치며 손을 휘저었습니다. 나는 얼른 완월정에서 내려가 부모님이 계신 곳으로 달려갔습니다.

"에휴, 얼마나 찾았는지 몰라요."

나는 그렇게 말하고 나서 머리를 긁적였습니다. 사실 아저씨 이야기에 정신이 팔려 부모님을 찾을 생각도 안했으면서 말이죠.

"이 꽃 좀 보세요!"

엄마가 말했습니다. 아빠와 누나가 엄마가 가리킨 곳을 쳐다보았습니다. 보라색의 작은 꽃잎이 다섯 장 달린 꽃이었습니다.

"우와! 정말 예쁘다."

누나가 말했습니다.

"누나는 동생이나 잘 챙기고 좀 예뻐하셔!"

나는 삐진 척하며 말했습니다.

"요 작고 귀여운 것이 꼭 우리 동수같네……."

엄마가 말했습니다.

"그쵸? 역시 엄마밖에 없다니까!"

나는 의기양양해져 어깨를 으쓱했습니다.

"……."

아빠와 누나는 아무 말도 하지 않았습니다.

"엥? 뭐야? 누나랑 아빠는 그렇게 생각하지 않는다는 거예요?"

나는 조금 섭섭했습니다. 누나는 그렇다 치더라도 아빠까지…….

"그래. 동수처럼 귀엽네."

아빠가 뒤늦게 말하자 엄마가 웃었습니다. 나도 빙그레 웃었습니다.

"온종일 걸어 다녔더니 너무 피곤해요. 곧 어두워지는데 얼른 숙소로 가요."

누나는 딴청만 부렸습니다. 남자친구 이야기를 할 때는 신이 나서 떠들더니……. 칫!

"이제 그만 돌아가자."

부모님은 주차장 쪽으로 발을 옮겼습니다. 누나와 나도 그 뒤를 따랐습니다. 그러면서도 아저씨가 생각나서 자꾸 뒤를 돌아보았습니다.

김시습과 불교

김시습은 주로 승려들과 함께 절에 살면서 불교에 대하여 깊이 탐구했습니다. 율곡 이이는 "재능이 탁월하여 깨달은 것이 있어 이리저리 말해도 유교의 핵심을 잃지 않았고, 불교와 도교에 대해서도 그 큰 뜻을 알았으니, 비록 불교와 도교에 대하여 학문이 깊은 사람이라 해도 그를 당해낼 수 없었다"고 평했습니다.

그가 죽고 삼 년 후 화장을 하려고 관을 열어보았다고 합니다. 그랬더니 얼굴 표정이 살아있을 때와 같았다고 하여, 좌우에 있던 스님들이 그를 부처라고 여겼다는 말이 전해집니다. 이 이야기를 들어도 그는 불교에 대해 상당한 경지에 올랐던 것으로 보입니다.

그러나 《금오신화》의 전편에 걸쳐 불교에 관한 그의 사상을 종합해 보면, 비록 불교적인 소재와 방법을 취하고 있기는 하지만 유학자의 입장에서 그를 비판하고 있는 내용으로 일관하고 있습니다. 가령 귀신이

나 환생이란 소재도 작품의 주제를 나타내기 위한 방편으로 쓰일 뿐, 그는 철저하게 '천당지옥설'이니 '인과응보설' 등의 불교 교리를 믿지 않고 배척합니다.

〈남염부주지〉를 보면, 하루는 박생이 스님 때문에 천당과 지옥에 관한 것을 묻고 또 다시 의심하기를, '하늘과 땅은 하나의 음기(陰氣)와 양기(陽氣)일 뿐이니, 어찌 이 세상 밖에 또 다른 세상이 있단 말인가?' 이는 반드시 잘못된 말이라고 생각했습니다. 그래서 스님에게 되물어 보았더니 스님 역시 명확한 답변을 하지 못하고, 다만 이승에서 쌓은 죄와 선한 일이 저승에서 보답을 받게 된다는 말로 대답할 뿐이었습니다. 주인공 박생은 그 말을 인정하지 못했는데, 그러한 점이 김시습의 유교적 입장을 드러내고 있습니다.

또 박생이 "제가 언젠가 불교 신자들에게 들었는데, 천당과 지옥은 과연 있는지요? 또 죽은 사람을 위하여 절에서 예물을 바쳐 불공을 드리면 죄를 용서받는다고 하는데 사실입니까?"라고 하니 스님은 "그것은 내가 들은 것이 아니요. 이 세계 밖에 또 다른 세계가 있단 말인가? 사람이 죽으면 육체와 정신이 흩어져 천지에 퍼져서 본래대로 돌아가는

것이거늘, 알지 못하는 어떤 곳에 그 무엇이 남았다고 할 수 있겠는가?"
라고 합니다. 또 "윤회[1]가 계속되어 사람이 이 세상에서 죽으면 딴 세상
에서 다시 태어난다는 것은 무슨 말인지 묻겠습니다"라고 물으니, "정
기(精氣)[2]의 신령함이 미처 사라지기 전에는 윤회하는 듯이 생각할 수
있으나, 시간이 오래되면 마침내 흩어지고 사라져 버릴 뿐이오"라고 말
한 데에서도 같은 점을 발견할 수 있습니다.

　그러나 김시습의 불교 비판은 불교의 미신적인 측면에 있을 뿐, 불교
가 본래 갖고 있던 인민을 바른 데로 이끄는 점에 대해서 그는 긍정적인
입장입니다. 아래 〈남여부주지〉의 내용이 그것입니다.

　"주공[3]과 공자는 중국의 문물이 번성하던 시대의 성인이고, 석가모니
는 서역에 간사하고 흉악한 무리들로 어지러운 세상에 나타난 성인이
오. 주공과 공자의 가르침은 바른 이치로 간사한 것을 바로잡는 것이었
고, 석가모니는 간사한 것을 설정하여 간사한 것을 없애도록 한 것이었
소. 그래서 바른 이치로 간사한 것을 바로잡는 말은 정직하며 간사한 것
을 가지고 간사한 것을 없애도록 하였기 때문에 황당할 수밖에 없지. 그
러므로 정직한 것은 군자들이 따르기 쉽고 황당한 것은 소인들이 믿기

쉽소. 그러나 두 종교의 목적은 모두 군자와 소인이 마침내 바른 길로 돌아가도록 하는 것이요, 세상을 속여 백성을 어리석게 만들어 이상한 도리로 그릇된 길로 빠지게 하려는 것이 아니었소."

(풀이)

1. 윤회(輪回) : 불교에서 자기가 이승에서 지은 과업에 따라 그 사람의 영혼이 내세에 다른 사람이나 사물로 태어나는 과정이 끊임없이 이어진다고 여기는 설. 이 업보를 끊고 극락에 들기 위해서는 해탈을 해야 한다고 함.

2. 정기(精氣) : 기(氣) 가운데서도 가장 맑고 깨끗한 것으로, 인간의 생명이나 마음을 이루고 있는 것.

3. 주공(周公) : 중국 서주(西周) 시기의 정치가. 무왕의 동생이며 무왕을 도와 서주의 문물을 완비한 인물로, 유교에서는 공자 이전의 성인의 한 사람으로 꼽음.

4

용궁 잔치에 가다

 나라를 다스리면서 자신부터 실천하지 않으면 백성들이
따르지 않는다.

— 김시습

1 시조 경창 대회

정말 피곤한 하루였습니다. 얼마나 길을 헤매고 다녔는지 다리가 퉁퉁 부은 것 같았습니다. 누나는 숙소에 들어오자마자 바로 씻고, 휴대전화를 들고 방으로 들어갔습니다. 피곤해서 쉬고 싶다며 들어간 것이지만 안 봐도 뻔하지요. 남자친구와 통화하려는 속셈이지요.

엄마 아빠는 내일 있을 춘향제 백일장에 참가하자고 했습니다. 누나는 참가하고 싶지 않았지만 부모님의 말을 따르기로 했습니다. 나는 백일장이 좋았어요. 글솜씨가 있어서 학교 글짓기 대회에서도 여러 번 상을 받았거든요. 엄마 아빠는 벌써 '무엇을 쓸까' 하고 머리를 맞댔습니다.

나도 미리 준비하는 것이 좋을 것 같아 생각을 해 봤지만, 도통 쓸 내용은 떠오르지 않고 자꾸 하품만 났습니다. '에라, 모르겠다. 오늘은 정말 피곤한 하루야. 그냥 내일 닥쳐서 쓰다보면 뭔가 생각나겠지' 하는 동안 스르르 잠이 들었습니다. 그리고 꿈을 꾸었습니다. 좋은 꿈도 나쁜 꿈도 아닌 그냥 평범한 꿈이었던 것 같은데, 잘 기억나지 않고, 깨어나서도 개운치 않은 느낌이었습니다.

어쨌든 다음 날 아침이 밝았습니다. 우리 가족은 다시 축제를 즐기기 위해 밖으로 나갔습니다. 누나가 늑장을 부리는 바람에 우리 가족은 서둘러야 했지요.

춘향사랑 백일장에 참가한 우리 가족은 글감과 주제를 찾아 여기저기 기웃거리며 돌아다니기 시작했습니다. 나는 무슨 이야기를 쓸까, 몹시 고민되었습니다. 어제 아저씨가 들려준 《금오신화》 이야기와 누나 이야기를 접목해서 쓸까? 아냐, 그건 글로 쓰면 너무 뻔한 이야기가 될 거야. 춘향과 이 도령의 사랑이야기를 본뜬 것 같기도 하고. 그럼 무엇을 쓰지?

나는 이곳저곳 돌아다니며 고민을 했습니다. 갑자기 글 쓰는 재주가 사라져 버리기라도 한 것처럼 아무런 생각도 나지 않는 것이었습니다.

억지로 꾸며 쓰는 글은 진정한 글이 아니야!

그래서 나는 글을 쓰는 대신 행사장을 구경 하기로 했습니다. 엄마 아빠, 그리고 누나는 어제처럼 또 나를 두고 멀리 가지는 않겠죠? 그 사이 한 바퀴 빙 둘러보고 온다고 해도 그다지 걱정할 것 같지는 않았습니다. 행사장 구경도 글 쓰는 일만큼 의미 있는 것 같아 백일장은 포기하고 여기저기 기웃거렸습니다. 그러다 시조 경창 대회가 열리는 행사장으로 발길을 옮겼습니다.

시조 경창 대회가 열리는 무대는 아주 근사했습니다. 마치 용궁을 연상시키는 무대였습니다. 무대 뒤편 해초와 물고기 그림은 마치 살아 움직이는 것 같았고, 양쪽 기둥을 받치고 서 있는 기와는 아주 화려했습니다. 오른편에는 거문고, 아쟁, 북 등의 국악단이 자리를 잡았고, 왼편엔 마치 물보라를 연상시키는 듯한 드라이아이스가 퍼져 나오고 있었습니다. 무대 가운데 황금 의자 하나만 있다면 정말 용궁처럼 보일 것 같았습니다. 저런 멋진 무대에 한 번 올라서 봤으면 하는 생각도 해 보았습니다. 정말 그렇게 한다면 진짜 용왕이 된 듯한 기분이 들 것 같았습니다. 저것은 시조 경창 대회가 아니라 용궁 잔치가 열린 것 같았습니다.

용궁 잔치! 정말 멋진 말이죠? 사실 용궁 잔치란 말이 생각난 건 바로《금오신화》때문이었습니다. 남원으로 여행을 왔을 때부터 아저씨가 들려주셨던 이야기를 떠올리니 예전에 읽었던《금오신화》가 바로 어제 읽었던 것처럼 생생하게 느껴졌습니다.

그러니까 용궁 잔치가 어떤 이야기냐면 말이죠…….

2 용궁의 상량 잔치

송도에 천마산이 있었습니다. 봉우리가 땅에 꽂혀 있듯이 가파르다고 이름도 하늘을 간다는 천마산이었습니다. 산 중턱에 깊은 연못이 있는데 이름은 박연입니다. 폭은 좁으나 깊이는 몇 길이나 되는지 알 수 없고, 물이 넘쳐 흘러 폭포를 이루었는데, 그 높이는 백여 길쯤 되어 보였습니다.

이전에 이 못에서 기이한 신령이 나타났다는 이야기가 문헌에 기록되어 있어 나라에서는 해마다 여기에 제물을 차려 놓고 제사를 지내기도 했습니다.

고려 때에 한생이라는 선비가 있었습니다. 젊었으나 글재주에 능하여 이름이 조정에까지 알려졌고, 사람들은 그를 문사(文士)라고 불렀습니다. 하루는 처소에서 날이 저물 때까지 앉아 있었는데 문득 푸른 도포를 입고 두건을 쓴 벼슬아치 두 사람이 공중에서 뜰로 내려오더니 엎드려 말하기를, '박연에 계신 용왕께서 선생을 모시고 오라 했습니다' 라고 말하는 것이 아니겠어요? 한생은 놀라서 얼굴이 새파랗게 질려 걱정을 하자, '뛰어난 말이 문밖에 기다리고 있으니 선생은 사양하지 마시오' 라고 또 말했습니다. 문밖에 나가니 과연 말이 있었지요. 말을 타니 하늘 높이 날아, 발 아래에는 구름과 노을이 자욱할 뿐 땅은 보이지 않았습니다. 일행은 금방 용궁 문 앞에 이르러 말에서 내렸습니다. 문지기들은 자라, 게, 거북의 껍질로 만든 갑옷을 입고 있었고, 창과 칼로 무장을 하고 삼엄하게 서 있었습니다. 한생이 용궁에 들어서자마자 용왕이 섬돌 아래까지 내려와 한생을 맞아들였습니다.

"선생의 명망을 들은 지가 오래되었소."

용왕이 한생에게 앉기를 권하자, 한생은 세 번 사양하다가 자리로 나가 앉았습니다. 용왕은 남쪽을 향하여 앉고 한생은 서쪽을 향하여 앉았지요. 이때 또 다른 귀한 손님들이 왔습니다.

"존귀하신 신령들 앞에서 저 같은 한낱 서생이 어찌 자리를 같이 할 수 있겠습니까?"

"이승과 저승이 길이 달라 서로 사귀지는 못하지만 용왕께서 사람을 알아보는 눈이 밝으시니, 선생은 필시 인간 세상의 대 문장가임이 분명하오. 용왕이 명령하시는 일이니 거절하지 마시오."

한생의 겸손에 용왕이 답했습니다. 그리고는 손님 모두에게 앉으라고 권하고 차를 한잔씩 돌린 뒤, 다시 한생을 바라보며 말했습니다.

"과인에게 딸이 하나 있는데 장차 혼인을 시키려 하오. 그래서 집을 한 채 따로 짓는 중인데 상량문 — 이전에 집을 지을 때 기둥을 세우고 대들보를 올리는 것을 상량이라 하며, 이때 잔치를 벌이고 상량문을 지어 그 집의 행복을 축원하는 풍습이 있었다 — 을 짓지 못했소. 들으니 수재(秀才)께서는 글을 잘 짓는다는 소문이 온 나라에 자자한지라 특별히 멀리서 초청해 왔으니, 바라건대 과인을 위해 글을 지어 주기 바라오."

용왕의 말이 채 끝나기도 전에 두 아이가 벼루와 붓을 가지고 나타났습니다. 이윽고 한생은 절하고 일어나 앉아 붓에 먹을 흠뻑

찍어 단숨에 써 내려가니, 그 솜씨는 안개가 서리고 구름이 피어오르는 듯했습니다.

글을 다 쓰니 용왕이 크게 기뻐하며 세 손님에게 보여 주자, 글을 받아 본 세 명의 손님도 칭찬을 아끼지 않았습니다. 이윽고 용왕은 한생의 수고에 보답하는 뜻에서 큰 잔치를 열었습니다.

술을 들기 시작할 때 풍악이 울려 퍼졌습니다. 이때 옥 빛깔의 꽃송이를 머리에 꽂은 미인 십여 명이 나타나서 초록 소매를 너울거리며 춤과 노래를 시작했습니다.

춤이 끝나자 다시 총각 십여 명이 나타났습니다. 그들은 왼손에 피리를 들고 오른손에 깃으로 만든 양산을 쥐고 빙글빙글 돌리다가 서로 돌아보며 노래를 불렀습니다.

총각들의 춤이 끝나자 용왕은 손뼉을 치고 즐거워하면서 술잔에 술을 한 잔 따라서 한생에게 권했습니다. 그리고 자신은 직접 대금을 불면서 즐거운 심정을 남김없이 풀어놓았습니다.

용왕이 노래를 마치고 주위를 둘러보며 말했습니다.

"이곳에서 노는 것은 인간 세상의 그것과 다르지만, 너희들은 귀한 손님을 위해 한바탕 놀아 보아라."

그러자 게가 앞으로 나와 자기소개를 한 후 춤을 추기 시작했습니다. 그러자 다른 게들도 함께 나와서 일제히 절도에 맞게 춤추며 노래를 불렀습니다. 이 모습을 구경하는 관중들은 저도 모르게 데굴데굴 구르며 배를 잡고 웃었지요.

다음으로 자칭 현 선생이라는 거북이가 나와 자기소개를 했습니다. 그가 입김을 솔솔 불어 내다가 다시 들이마시니 흔적도 없이 사라져 버렸습니다. 그는 또 목을 오므리며 네 발을 몸속에 감추기도 하고 혹은 목을 쭉 늘이면서 머리를 설레설레 흔들어 보이는 등 여러 가지 재주를 선보이며 보는 이들을 즐겁게 해 주었습니다. 거북이 외에도 나무귀신, 돌귀신, 산귀신도 일어나 휘파람, 노래, 춤, 악기 연주, 뜀뛰기 등의 재주를 보였습니다.

한껏 흥이 오른 손님들은 제각기 시를 써서 용왕에게 바쳤고, 한생도 시를 지어 잔치를 축하했습니다. 이를 본 용왕은 한생의 글을 비석에 새겨 용궁의 보물로 삼겠다고 말했고, 다른 모든 이들도 한생의 글을 칭찬했습니다. 한생은 절을 하며 일어서서 용왕에게 소원 하나를 말했습니다.

"용궁의 성대한 잔치는 마음껏 누렸습니다. 이곳의 훌륭한 궁전과 경치를 두루 볼 수 있을지요?"

"그야 물론이지요."

한생은 용왕의 허락을 받고 문을 나서며 주위를 보니 구름 때문에 아무것도 보이지 않았습니다. 용왕이 한생을 위해 구름 관리자에게 구름을 걷으라고 명했고, 관리자가 입술을 모아 한바탕 불자하늘이 맑아졌습니다. 그러자 바둑판처럼 평평하고 넓은 평야가드러났습니다. 그곳에는 아름다운 꽃과 나무가 줄지어 늘어서 있었고, 바닥에는 금모래를 깔아 놓았으며 주위에는 금으로 쌓은 담이 둘러 있었지요. 복도, 집과 뜰, 섬돌은 모두 파란 유리 벽돌이라 빛을 받아 반짝거렸습니다.

여러 누각을 구경하고 한 곳에 이르니 둥글고 큰 거울 하나가 걸려 있었습니다. 양옆으로는 크고 작은 북들이 매달려 있었는데, 이들이 바로 천둥 번개를 만들어내는 기구라고 했습니다.

"이 북을 한 번 치면 만물이 진동하게 되는데, 바로 뇌성을 치는 북이지요."

그 옆에는 풀무처럼 생긴 물건은 바람을 일으키는 주머니도 있었고, 또 빗자루와 물동이도 있었습니다. 한생이 그것을 만지려고 하자 "이것을 한 번 뿌리면 당장에 홍수가 나서 산을 파묻고 언덕을 덮습니다"라고 제지하였습니다.

"왜 구름을 불어 없애는 기구는 설치하지 않았는지요?"

"구름은 용왕님의 신통력으로 변화시키는 것이니 기구로 어떻게 할 수 없지요."

그 밖에도 너무 많은 기구들이 있어, 한참을 돌아다녔음에도 한생은 모두 구경할 수 없었습니다.

돌아갈 때가 되어 한생이 용왕에게 작별 인사를 드렸습니다. 용왕은 빛나는 구슬 두 알과 비단 두 필을 산호 쟁반에 담아 이별의 선물로 주었습니다. 한생이 문을 나서자 잔치에 왔던 세 손님도 인사를 나누고는 즉시 연을 타고 어디론가 떠났습니다. 용왕은 신하에게 명령하여 뿔처럼 생긴 기구를 가지고 한생이 돌아가게끔 도와주도록 했습니다.

"제 등에 업혀서 잠깐 동안만 눈을 감고 계십시오."

한생은 그렇게 했습니다. 마치 허공으로 올라가는 듯 바람 소리와 물소리만 계속 들려올 뿐이었습니다. 문득 아무 소리도 들리지 않아 눈을 뜨니 바로 자신의 방 안에 누워 있지 않겠어요?

한생은 어이가 없어 문을 열고 밖으로 나갔습니다. 하늘에는 별이 희미하게 반짝이고 있었고, 동쪽이 훤히 밝아오는 가운데 벌써 닭이 울고 있었습니다. 얼른 짐을 뒤져 보니 용왕에게서 받은 구슬과 비단이 그대로 들어 있었습니다. 한생은 이를 상자 깊이 간직하고 보따리에 싸서 지극한 보물로 삼고서 평생 남에게 보여 주지 않았습니다.

그 후, 한생은 세상에 이름을 떨칠 마음을 접고 이름난 산으로 들어가 자취를 감추었습니다.

3 이상한 하루

비록 한생이 다녀왔던 용궁과는 다르지만, 이 무대 역시 그와 비슷하게 꾸며진 게 아닌가 싶었습니다. 그런데 참 이상하지요? 한생은 왜 용궁에 다녀온 뒤에 산으로 들어가 버린 걸까요? 혹시 한생도 신선이 된 건 아닐까요? 아니면 속세의 부귀영화가 모두 헛되다고 생각했던 걸까요? 만약에 나라면 용궁 잔치에 다녀왔다고 자랑도 하고 진귀한 선물을 팔아 재산도 늘리고 글재주도 뽐내며 잘 살았을 겁니다.

어쨌든 용궁에서 귀한 선물까지 받고 온 한생이 부러웠습니다. 비록 이야기 속에서이긴 하지만요. 실제로 용궁에 가 보지는 못했지만 용궁 같은 무대를 바라보며, 나는 한생처럼 뛰어난 시조를 읊어 줄 참가자들을 기다렸습니다. 모두 자작 시조를 읊는다고 하니 그 글재주가 과연 어떨까 몹시 궁금했습니다.

그때 참가자로 보이는 한 아저씨가 용궁 무대 위로 올라왔습니다. 그러나 국악이 울려 퍼지지 않았습니다. 한생이 용궁에 가서 들었던 연주처럼 멋지게 울려 퍼질 국악을 기대했는데, 어찌된 일인지 국악은 울리지 않았습니다. 그런데도 용궁 무대 위로 올라온 아저씨는 다짜고짜 시조를 읊기 시작했습니다.

옳거니, 상전벽해(桑田碧海)!
세상이 덧없이 변하였구나.

정치하는 놈들은 귀가 변해
국민보다 권력의 목소리를 먼저 듣고,
사업하는 놈들은 눈이 변해
노동자보다 돈과 명예를 먼저 보고,

언론하는 놈들은 입이 변해

옳은 말보다 아부하는 선전을 먼저 하고,

학문하는 놈들은 정신이 변해

진리보다 곡학아세(曲學阿世)를 먼저 하고.

부동산 투기에 싸움질, 지조를 잃은 사랑 타령!

돈돈돈, 돈을 찾아 변하고 변하는 세상!

"아!"

짧은 탄성을 질렀습니다. 그것은 시조에 깊은 인상을 받았기도 했지만, 시조를 읊는 분이 바로, 어제 본 그 아저씨였기 때문이었습니다.

나는 고개를 갸우뚱거리며 아저씨의 시조를 경청하는데 다른 사람들은 아무런 반응이 없었습니다. 고개를 끄덕이지도, 박수를 치지도, 야유를 보내지도 않는 사람들의 반응이 너무나 이상했습니다.

그런데 더 이상한 것은 아저씨가 시조를 경창하고 있는데 또 다른 참가자가 올라오고 있는 것이었습니다. 나는 세상을 비판하는 아저씨의 시조가 이번 대회와 어울리지 않아서 중간에 끊어 버리

는 것이라고 생각했습니다.

"아무리 내용이 직설적이고 비판적이어도 그렇지! 저런 경우가 어디 있어? 아직 시조 경창이 다 끝나지도 않았는데 다른 참가자가 올라오다니!"

나는 화가 났습니다. 사람들의 반응도 그렇고, 무대 매너가 없는 다른 참가자의 태도도 모두 마음에 들지 않았습니다. 그런데 더 이상한 건, 다음 참가자가 올라오자 국악이 울리기 시작한다는 점이었습니다. 애잔하고 깊은 울림으로 국악이 퍼지자 다른 참가자가 시조를 읊기 시작했습니다. 나는 화가 나는데, 아저씨는 오히려 당연하다는 듯, 시조 경창을 포기하고 고개를 떨구었습니다. 그리고 쓸쓸히 용궁 무대를 내려왔습니다. 아무래도 무언가 이상하다는 생각이 들었습니다.

"이건, 분명히 뭔가 잘못됐어!"

나는 아저씨에게 달려갔습니다.

김시습과 도교

　일반적으로 노자와 장자부터 민간신앙에 이르기까지 모두 도교라고 일컫습니다. 그래서 도교는 노자와 장자철학의 상급, 신선사상의 중급, 미신적인 무속의 하급으로 나뉩니다. 상급인 노자와 장자의 철학은 사람이 이 세상을 살아가는 자세나 태도, 정치적 입장 등을 주로 다루고, 중급의 신선사상은 사람이 죽지 않고 오래 사는 '불로장생(不老長生)[1]'을 주로 다루며, 하급인 무속이나 민간신앙은 이 세상에서 화를 면하고 복을 받아 죽어서 좋은 세상에 가고자 하는 법을 다룹니다. 김시습은 상급에서 하급까지 그 장단점을 구별하고 비판할 수 있는 능력을 갖추고 있었습니다.

　국학자 이능화가 쓴 《조선도교사》에 의하면 우리나라에 단학파(丹學派)[2]가 있었다고 합니다. 그래서 조선에서는 김시습, 정렴, 위한조 등의 몇 사람이 학맥을 이었는데, 단학파 중에서 책을 저술하여 후세에 남긴 사람은 정렴, 이지함(토정), 곽재우(홍의장군), 권극중, 이 네 사람이라고 합니다. 이능화는 단학의 학맥이 중국인 종리에게서 신라인 최승우, 김가기, 자혜에 이어지며, 최승우-최치원-이청-명법-권청-원계현-김시습-홍유손에게로 이어진다고 말하고 있습니다.

김시습은 〈취부벽정기〉에서 선녀의 입을 통하여 신선이 되는 과정을 말하고 있는데, 이 단학의 학맥이 멀리 고조선까지 거슬러 올라가고 있음을 암시하고 있습니다. 신채호에 의하면 신라의 국선(國仙, 일명 화랑)이나 고구려의 조의선인도 우리나라 고유의 도교와 연관이 있으며, 현대의 학자들도 조선의 도교가 멀리 단군신화까지 연결되어 있다고 주장하고 있습니다.

《금오신화》에 나오는 각종 배경적 지식이나 그의 문집에서 소개하는 도교에 대한 각종 이론을 보면 김시습이 도교에 정통했음을 알 수 있습니다. 하지만 그는 도교의 미신이나 천당지옥설을 믿지 않았습니다. 또 신선사상의 한계로서, 스스로 그 몸은 보존할 수 있으나 세상을 바르게 하는 데는 유익함이 없는 점을 비판했습니다. 그래서 그는 이것을 넘어서 노장[3]의 철학사상을 체득한 것으로 보입니다. 노장의 좌망(坐忘)사상

을 '망물망아(忘物忘我)' 즉, '사물도 잊고 나도 잊는 것'으로 표현했습니다. 이것은 《금오신화》 다섯 이야기의 결말에서 보이는 주인공의 태도와도 연결됩니다. 즉, 그는 도교가 개인적인 도덕적 체험은 가능케 하지만 사회적인 도덕의 기준은 제시해 주지 못한다는 약점을 알고 있었던 것입니다.

(풀이)

1. 불로장생 : 도교에서 신선이 되어 늙지 않고 죽지 않는 것.

2. 단학파 : 도교는 중국에서 생긴 것이지만, 이와 별도로 우리나라에서 생기고 전승된 도교를 일컫는 말. 고구려의 조의선인, 신라의 화랑도가 여기에 속한다.

3. 노장(老莊) : 도교의 사상적 출발이 되는 중국 춘추전국시대의 노자와 장자. 노자와 장자는 사상가이지 도교를 창시하지는 않았다.

남염부주에서

 겉으로 나타나는 위험은 방지할 수 있으나 속으로 곪는 위험은 방
지하기 어렵다.

— 김시습

1 사후 세계를 믿나요?

"아저씨! 아저씨!"

나는 다급하게 아저씨를 쫓아갔습니다. 아저씨는 들은 체도 안 하고 근처 벤치에 털썩 주저앉았습니다. 나도 아저씨를 따라 옆에 앉았습니다. 아저씨는 한참 동안 말이 없었습니다. 나는 그런 아저씨를 물끄러미 쳐다보았습니다. 햇살이 따뜻한 5월의 한낮이었습니다. 아저씨는 마치 해바라기라도 된 양, 가끔씩 하늘을 올려다보았습니다. 나도 아저씨를 따라 하늘을 보았습니다. 햇빛이 내려와 눈이 부셨습니다.

"아저씨."

나는 조용히 아저씨를 불렀습니다.

"아저씨! 어제 그 아저씨 맞죠?"

아저씨는 또 나를 모르는 척했습니다. 자꾸만 아저씨가 내 앞에 나타나는 것도 이상하지만, 매번 나를 모른 척하는 것도 이상했습니다.

"도대체 무슨 일이죠? 왜 아저씨는 나를 자꾸만 모른 척하고, 자꾸만 내 앞에 나타나고, 사람들은 아저씨를 쳐다도 안 보고……. 마치 사람 취급도 안 하는 것처럼. 모든 게 이상하지 않아요?"

아저씨는 여전히 아무 말씀이 없었습니다.

"왜죠? 왜 그런 거죠? 아저씨는 그 이유를 알고 계시죠? 그렇죠?"

내가 다짜고짜 묻자 아저씨는 대답 대신 빙그레 웃으셨습니다.

"왜 웃으세요?"

대답도 없이 웃기만 하는 아저씨가 야속했습니다. 나는 속이 타 죽을 지경이었습니다.

"넌 사후 세계를 믿니?"

아저씨는 밑도 끝도 없이 질문했습니다.

"사후 세계라뇨? 갑자기 그런 건 왜 물으세요? 제 질문에는 대답도 안 해 주시면서."

"그러니까 넌 사후 세계를 믿느냐고."

"뭐, 그런 건 아직 생각해 보지 않았지만……."

"난 사후 세계를 믿는단다. 우리 집안의 종교가 불교라서 어렸을 때부터 지옥과 극락이 있다고 믿었어."

"에이, 그런 게 어디 있어요? 죽으면 그만이지. 전 기독교에서 말하는 천당이니 지옥이니 그런 말도 안 믿고, 옥황상제니 천사니 악마니 그런 것도 다 살아 있는 사람들이 만들어낸 이야기일 뿐이라고 생각해요."

나는 딱 잘라 말했습니다.

"뭘 그렇게 질색을 하고 부정을 하니? 혹시 그런 세계가 두려운 거 아니야?"

"치, 사내대장부가 그런 게 뭐가 두렵겠어요? 전 귀신 이야기도 안 무서워한다고요! 하늘과 땅은 하나의 음기와 양기일 뿐이라고 생각해요. 또 다른 세상이 있을 거란 생각은 안 해요."

"그렇지만, 우리가 흔히 이승에서 쌓은 죄와 선한 일이 저승에서 보상을 받는다고 하지 않니?"

"결국 그것도 일상생활에서의 도리를 강조하기 위해 만들어진 말인 것 같아요. 예를 들면, 사회에서나 가정에서, 또 친구 사이에서 지켜야 할 도리. 그 도리를 지키며 사는 성품을 갖추는 것이 중요하다는 말 아니겠어요?"

"글쎄, 네 말을 들으니 그럴 것 같기도 하고……."

아저씨가 말끝을 흐렸습니다.

"그러니까 그런 건 죽어 봐야 아는 거라니까요."

"그건……."

아저씨는 뭔가 할 말이 있는 듯 머뭇거렸습니다.

"지금 그게 문제가 아니라……."

뭔가 할 말이 있는데도 머뭇거리는 아저씨의 태도가 답답했습니다.

"그럼 뭐가 문제에요?"

"아, 아저씨가 재밌는 얘기해 줄까?"

"어제, 오늘 계속 이야기만 해 주셨으면서 아직도 해 줄 이야기가 남았어요?"

"박생이라는 사람이 있었어. 하루는 자기 방에서 밤에 등불의

심지를 돋우어 가며 《주역》을 읽다가 잠깐 베개를 베고 누웠는데 그만 잠이 들었지. 그는 꿈속에서 어떤 나라에 이르렀는데, 넓은 바다 가운데에 있는 한 섬나라였어."

나는 오늘 일어난 어처구니없는 일에 대해 알고 싶었습니다. 그러나 아저씨는 재미있는 이야기라느니 하면서 《금오신화》 이야기를 해 준다는 핑계로 자꾸 말을 돌리고 있었습니다.

그래, 일단 듣고 보자. 아저씨가 들려준 이야기는 꼭 사실과 연관된 게 있었으니, 이 얘기도 듣고 보자. 나는 그렇게 마음을 먹었습니다.

"그 땅은 풀도 나무도 모래도 조약돌도 없는 곳으로, 발에 밟히는 것은 모두가 구리가 아니면 무쇠덩이였어. 낮에는 이글이글 타는 불꽃이 하늘까지 뻗어 올라 대지가 녹아내리더니, 밤이 되면 차가운 바람이 서쪽에서 불어와 뼈와 살을 찔러 모두 덜덜 떨리는 것을 참을 수가 없었어."

"뭐가 그렇게 무시무시해요? 그런 섬나라라면 정말 끔찍할 것 같아요."

나는 뭔가 흥미진진한 이야기일 것 같아 귀를 기울였습니다.

"이 섬나라 주위에는 무쇠로 된 언덕이 바닷가를 따라 성벽처럼 둘러서 있었어. 단지 하나의 문이 있을 뿐인데 어마어마하고 빗장이 매우 견고했지. 성벽 안의 주민들은 모두 철로 만든 집에서 살고 있었는데, 낮이면 불에 그슬리고 데이다가 밤이면 추워서 꽁꽁 얼어붙곤 했단다. 다만 아침과 저녁에만 사람들이 모여들어 서로 웃고 떠드는 소리가 들릴 뿐이었어."

"그런 곳에 사람이 살고 있다는 사실도 놀라운데요? 나라면 그런 나라에서 살고 싶지 않을 것 같아요."

"그래, 박생도 이 광경에 놀라서 뒷걸음을 치며 머뭇거렸는데, 그때 바로 문지기가 박생을 불렀어. '당신 뭐하는 사람이오?' 박생은 떨면서 겨우 말했어. '조선국 경주 땅에 사는 박생이라는 옹졸한 선비입니다. 감히 신령스런 세계를 범하였으니 부디 너그러이 용서해 주십시오.' 박생은 거듭 절하면서 자신의 당돌함을 사과했지. 그랬더니 문지기는 도리어 이렇게 말했어. '선비는 위세 앞에서도 굴복하지 않는다고 했거늘, 어찌 이처럼 쉽게 굽실거리오? 우리가 학식을 갖춘 선비를 만나려고 한 지가 오래 되었으니 조금만 앉아 기다리시오. 내 그대가 왔다는 소식을 왕께 고하겠소' 하고."

할 수 없이 듣기로 한 이야기였지만 점점 흥미로워지기 시작했

습니다.

"말을 마치자마자 안쪽으로 뛰어갔던 문지기가 다시 나오자, 그 뒤를 따라 검은 옷을 입은 아이와 흰옷을 입은 아이가 푸른색 글자가 적힌 책과 붉은색 글자가 적힌 책을 들고 나와서 박생에게 보여 주었어.

박생이 빨간색 글자로 쓴 책을 보니 자신의 이름이 적혀 있었지. 문지기는, '현재 조선국에 사는 박 아무개는 지금 사는 세상에서 죄가 없으므로 이 나라 백성이 될 수 없다' 하고 말했지. 그러자 박생이 '이 책을 나에게 보여 주는 까닭이 무엇이오?' 하고 물었어. 문지기는 다시, '푸른색 글자가 적힌 책은 악한 자의 명부이고 붉은색 글자가 적힌 책은 선한 자의 명부입니다.' 당신은 죄가 없으므로 왕께서 선비님을 만나시면 성의를 다해 보실 것입니다' 하고 답해 주었지.

이윽고 박생은 화려한 수레를 타고 왕궁으로 안내를 받아 들어갔어. 가는 길에 이글이글 타는 화염 가운데 있는 사람들을 돌아보니, 녹은 구리와 쇳물을 진흙처럼 밟고 다니고 있는 모습이 끔찍했단다. 왕궁에 들어서니 아리따운 여자 두 사람이 나와 박생에게 공손히 절을 하고 왕이 있는 궁전으로 데려갔어. 왕이 맞아 주는데도 박생이 엎드린 채 고개를 들지 못하자 왕이 물었지. '사는 세계가 다른 까닭으로 서로 왕래가 없었긴 하지만 학식 있는 군자가 어찌 위세가 있는 곳이라 하여 이처럼 몸을 굽히는 것이오?' 하고 말이야."

"뭐, 선비라고 몸을 굽히지 못하란 법 있나요? 그렇게 무시무시한 곳인데 떨리지 않고 침착할 수 있는 사람이 누가 있겠어요? 안 그래요?"

나는 마치 박생이라도 된 양 그의 편을 들어주었습니다.

"넌 귀신도 안 무섭다더니, 이야기를 들어보니까 무섭긴 무서운가 보지?"

아저씨가 놀리듯 말했습니다.

"아니에요! 무시무시한 곳인 게 맞지만 그렇다고 뭐 꼭 무서워할 필요 있나요? 나쁜 일을 해서 잡혀 온 것도 아닌데……. 참, 그런데 그럼 박생이 간 곳이 지옥이에요? 대체 어떤 나라에 간 거예요?"

"계속 들어 봐. 왕은 차와 과일을 가져오게 해서 다과를 먹은 후 박생에게 말했어. 이곳은 염부주이며 이 섬나라는 남쪽에 있는 까닭에 남염부주라고 하오. 염부라고 하는 것은 화염이 이글이글 타

올라 항상 공중에 떠 있기 때문이오. 내 이름은 염마인데, 화염이 어루만져 준다는 뜻이오. 내가 이 땅에서 왕이 된 지 일만여 년이 나 되오."

"그런데 그 왕은 무엇 때문에 그런 끔찍한 세상에 살면서 왕이 되었을까요?"

나라면 천국의 신하가 될지언정, 지옥의 왕은 되고 싶지 않을 것 같았습니다.

"박생도 너처럼 그게 궁금해서 물어보았지. 왕이 대답하기를, 내가 인간 세상에 살 때에는 왕에게 충성을 다 바쳐 도적을 토벌하였소. 그래서 맹서하기를 '죽어 사나운 귀신이 되어서라도 기어코 원수를 갚으리라' 하였더니, 죽어서 이 사나운 세상의 왕이 되었소. 지금 여기 살면서 나를 우러러보는 자들은 살았을 때 아비나 임금을 죽였거나 배반한 간악한 무리들이오. 그들은 여기서 나의 통제를 받으며 장차 자기들의 그릇된 마음을 고치려는 자들이오.

그러기에 정직하며 사심이 없는 자가 아니고서는 단 하루도 이곳에서 왕 노릇을 할 수 없소. 내 들으니 그대는 정직하고 뜻이 굳어 인간 세상에서 남에게 굽힐 줄 모른다 하니 참으로 뛰어난 인

재라 하겠소. 내 이제 때가 되어 이 자리에서 물러나려 하고, 그대 또한 명이 다 되어 곧 죽어 묻힐 것이니, 이 자리를 맡아 다스릴 자가 그대가 아니고 또 누구겠소?"

아저씨는 실감나는 말투로 묘사했습니다.

"어라? 그럼 그곳이? 죽어서 가는 곳이라면 사후 세계라 할 수 있겠네요? 나쁜 사람들을 벌하는 곳이니 지옥인가요?"

지옥이 틀림없는 것 같았습니다. 그렇게 무시무시한 곳이라면 지옥이 아니고 어디겠어요?

"그래, 나도 그렇게 생각했어. 그런데 이 이야기에 박생이 왕에게 이런 질문을 했어. '제가 언젠가 불교 신자들에게 들었는데, 극락과 지옥은 과연 있는지요? 또 죽은 사람을 위하여 절에서 예물을 바쳐 불공을 드리면 죄를 용서받는다고 하는데 사실입니까?' 하고 말이야."

"그랬더니요?"

나는 점점 궁금해서 아저씨 곁으로 바짝 붙어 앉았습니다.

"그것은 내가 들은 것이 아니요. 이 세계 밖에 또 다른 세계가 있단 말인가? 사람이 죽으면 육체와 정신이 흩어져 천지에 퍼져서 본래대로 돌아가는 것이거늘, 알지 못하는 어떤 곳에 그 무엇이 남았다고 할 수 있겠는가?"

아저씨가 마치 왕처럼 말했습니다.

"맞아요. 제 생각도 왕과 같아요. 흔히들 내가 다음 생에 태어난다면…… 하고 말하잖아요? 윤…… 그래요, 윤회! 그런 건 또 어떻게 되는 건가요?"

"윤회에 대해서도 그 왕은 이렇게 말했지. 정기(精氣)의 신령함이 미처 사라지기 전에는 윤회하는 듯이 생각할 수 있으나, 시간이 오래되면 마침내 흩어지고 사라져 버릴 뿐이오."

아저씨의 말씀이 끝나자 나는 큰소리를 쳤습니다.

"거봐요, 제 말이 맞잖아요. 모든 생물은 물론 사람도 마찬가지로, 죽으면 아무것도 모른다니까요. 음기와 양기의 두 정기가 흩어지고 사라질 뿐이지. 그나저나 박생은 어떻게 됐어요?"

"왕이 박생에게 조선의 역사에 대해 물어보았지. 그래서 박생이 세세히 대답해 주었단다. 역대 왕들의 이야기를 하던 중 박생이 말했지. '요즘 인간 세상에는 간신들이 벌떼처럼 설치고 일어나 큰 난리가 누차 일어나는데도, 윗자리에 앉은 자들은 협박과 위협으로 착한 일을 하는 듯이 가장하여 명예만 낚시질하고 있습니다. 그러니 세상이 편안할 수 있겠습니까?' 라고 말이야.

왕은 한참동안 말이 없더니, 그대 말이 옳다며 감탄했어. 그리고는 박생에게 왕위를 넘겨주려고 친히 조서를 내렸어. 박생은 조서를 받들고 일어나 절을 두 번하고 나왔지. 왕은 그 나라의 신하들과 백성들에게 분부하여, 박생을 태자의 예로써 전송하도록 했어. 왕은 또 박생을 향해, '오래지 않아서 다시 오게 될 것이오' 하고 말했지. 이때 박생이 일어서서 궁궐문 밖을 나오자마자 수레를 몰던 사람이 갑자기 넘어져 수레바퀴가 뒤엎어졌어. 이 바람에 박생도 땅바닥에 떨어졌는데, 깜짝 놀라서 허둥지둥 일어나 보니 자기 방이었지. 한바탕 꿈이었던 거야."

"에이, 그럴 줄 알았다니까!"

나는 정말로 그런 나라가 있는 줄 알았습니다. 결국 모두 꿈이었고 이야기일 뿐이라는 생각을 하니 허탈했습니다. 아저씨가 계속해서 말했습니다.

"박생이 스스로 생각해 보니 죽을 날이 멀지 않은 것 같았어. 박생은 이때부터 날마다 집안을 조금씩 정리하기 시작했고, 그 뒤로 몇 달 동안 병을 앓던지. 그러다 이젠 다시 일어나지 못할 거라고 짐작하고는, 의약과 무당을 물리치고 죽었어. 그가 죽는 날 밤 이웃사람들의 꿈에 어떤 신령스런 사람이 나타나서 이렇게 알려 주었대. 너희들의 이웃에 살던 박생은 염라대왕이 될 것이다."

　아저씨의 이야기는 이렇게 여운을 남기고 끝이 났습니다. 나는 아저씨의 이야기를 듣고 몹시 혼란스러웠습니다.

　"그럼, 박생이 염라대왕이라는 말이에요?"

　"그럴까?"

　아저씨도 모호한 말씀만 했습니다.

　"이야기 내용이 그렇잖아요. 사후 세계에 대한 것도 그렇고."

　"그러게. 이야기만으로는 정말 알 수가 없구나. 음기와 양기가 사라지면 그뿐이라고 하면서도, 사후 세계가 있고 염라대왕이 있어 악한 자가 벌을 받는 것 같기도 하고. 그 이후의 세상은 없다고 하는 걸 봐서 극락과 지옥이 없는 것도 같고……. 또 모르지, 그 이후의 세상에 대해서는!"

　"뭐가 뭔지 잘 모르겠어요. 그러니까 죽어 봐야 아는 거라니까요. 아무리 우리가 사후 세계가 어쩌고저쩌고 해 봤자 모르는 일이라고요. 사람이 죽어야 극락도 가고 천당도 가고 지옥도 가는 것 아니겠어요? 여하튼 전 아직 그런 건 잘 모르겠어요."

2 내가 죽었다고?

"정말 모르겠니?"

"모르죠. 어떻게 알아요?"

"네 말대로라면 넌 알아야 해."

"사후 세계를요?"

"그래."

"왜요? 내가 죽기라도 했어요? 아저씬 농담이라도 참……."

난 약이라도 삼키는 듯 쓴 표정으로 말했지만 아저씨는 눈도 꿈

쩍하지 않고 말했습니다.

"그래, 넌 죽었어."

"네?"

"우린 죽은 사람들이라고!"

"뭐, 뭐라고요?"

나는 깜짝 놀랐습니다. 죽은 사람이라니요. 안 그래도 아저씨가 이상하다고 생각했는데, 혹시 정말 정신이 나간 사람은 아니겠지요? 산 사람을 죽었다고 하니 말이에요.

"우린 이미 죽은 사람들이야."

아저씨는 한숨을 쉬듯 말했습니다.

"말, 말도 안 돼! 그런데 왜 사람들이 눈에 다 보이고 만지고 느낄 수 있는 거죠? 죽었다면 그럴 수 없잖아요! 아니에요. 저 이렇게 살아 있잖아요. 꼬집어 보세요!"

아저씨는 빙그레 웃으시며 내 볼을 꼬집었습니다.

"아야!"

아저씨가 세게 꼬집는 바람에 볼이 떨어져 나갈 것처럼 아팠습니다. 눈물이 핑 돌았습니다.

"거봐요! 아프잖아요! 그런데 왜 죽은 사람이래요?"

나는 좀 억울했습니다. 괜히 내 볼을 꼬집어 보려고 아저씨가 거짓말을 했다고 생각했습니다.

"죽은 사람이 죽은 사람을 꼬집으니까 그렇지! 너 아까부터 뭔가 이상하다고 했지? 내가 시조를 읊을 때 사람들이 왜 아무 반응이 없었는지 아니?"

나는 고개를 절레절레 흔들었습니다.

"내가 보이지 않았기 때문이야. 난 네 눈에만 보여. 다른 사람은 날 보지 못한다고. 물론 너 또한 다른 사람이 볼 수 없지."

"아니에요! 전 부모님과 같이 이곳에 왔고 또 함께 밥도 먹었고 이야기도 했다고요."

아저씨의 말이 여전히 믿어지지 않았습니다.

"그건 다 지금까지 너 혼자 한 말이야. 너희 부모님 역시 널 볼 수 없으니까. 네가 어제 부모님을 잃어버렸다고 했지? 그런데 부모님은 널 찾지 않으셨어. 애초부터 너는 없었으니까! 네가 무슨 말을 해도 부모님이 네게 대꾸하신 적이 있었나 잘 생각해 보렴. 없을 거야. 왜냐고? 네 말이 안 들리니까! 넌 지금 죽은 네가 살아 있다고 오해하고 있는 것이란다."

"말도 안돼요! 죽은 사람이 어떻게 지옥이나 천당에 가지 않고 이렇게 산 것처럼 돌아다닐 수 있어요? 거짓말!"

나는 아저씨의 말을 믿고 싶지 않았습니다. 다 거짓말이라고 생각했습니다.

"아까 네 말대로 우린 아직 완전히 기가 흩어지지 않은 거란다. 그래서 그것이 완전히 흩어질 때까지 어느 정도 의식이 남은 것뿐이야."

"아니에요. 그럼 우린 뭐예요? 아저씨와 제가 죽은 사람이라면 왜 사람들이 사는 이 세상에 있냐고요!"

"네가 그랬잖니? 세상은 이곳 하나야. 우리의 기도 이 세상 속에서 뭉쳐졌다 흩어졌다 하는 거지. 그게 바로 태어나고 죽는 것. 우리가 살았을 때는 기로 똘똘 뭉쳐 있었지만, 지금의 우리는 기가 거의 다 흩어진 상태야. 곧 있으면 완전히 흩어지고, 우리의 의식도 사라져 버리고 말겠지."

아저씨는 깊은 숨을 내쉬었습니다.

"정말 믿어지지 않아요. 믿고 싶지도 않고요!"

나는 머리를 세차게 흔들었습니다. 나는 벌떡 일어나 지나가는 사람에게 소리를 질렀습니다.

"여기요! 저 좀 보세요!"

사람들은 소리치는 나를 외면하고 가던 길을 갔습니다. 나는 있는 힘껏 다시 소리를 질렀습니다.

"바보, 멍청이, 못난이, 똥개!"

여전히 사람들은 아무렇지 않게 지나갔습니다. 나는 지나가는 꼬마에게 달려가 어깨를 흔들었습니다. 아무것도 손에 잡히지 않았습니다. 아이 역시 아무렇지 않게 엄마 손을 붙들고 걸어갔습니다. 나는 어리둥절해서 그 자리에 멈춰 설 수밖에 없었습니다.

"네가 죽었다는 사실을 받아들여야 한단다. 그래야 네가 온전히 죽을 수도 있는 것이고, 부모님도 그런 널 편하게 보내 줄 수가 있지 않겠니?"

벤치에 앉아서 아저씨는 그렇게 말했습니다. 나는 어깨가 축 처져서 벤치로 돌아왔습니다. 이번엔 내가 아무 말도 하지 않았습니다. 도대체 내가 왜 죽었단 말이지요? 왜요? 어떻게 죽었을까요? 멀쩡했던 내가 죽었다니 아직도 믿어지지가 않았습니다. 그러나 아저씨 말대로 나는 죽은 사람이 분명한 것 같았습니다. 나를 알아보고 느끼는 사람은 아저씨 단 한 사람뿐이었습니다. 다른 사람들은 나를 보지도 느끼지도 못하는 것이 확실했으니까요. 나는 한참 동안 내가 죽은 이유를 생각해 보았습니다. 그러나 아무런 기억이 나지 않았습니다.

"그런데, 저는 왜 죽은 거죠?"

"하하하! 그걸 내게 물으면 어떡하니? 나도 그냥 죽은 사람일 뿐이야. 내가 신이라도 된다면 모를까."

아저씨는 죽었다는 사실을 인정해서 그런지 죽음에 대해 아무렇지도 않게 말했습니다. 그런 아저씨가 나는 정말 이상하게 여겨졌습니다.

"그럼, 아저씬 왜 죽은 거예요?"

아저씨에게 곤란한 질문을 한 것 같긴 했지만, 어차피 우리는 둘 다 죽은 사람이니 물어봐도 괜찮을 것 같았습니다.

"본래 내 부모님의 고향은 평양이란다. 그러나 남쪽으로 내려와 가정을 꾸리신 부모님은 나를 남원에서 낳고 키우셨지. 이곳에서 나고 자라 부모님의 뒷바라지를 받으며 서울에서 공부를 하게 된 나는, 대학 졸업 후 좋은 직장에 다니다가 사업도 하게 되었단다. 그리고 그 사업 역시 크게 성공을 거뒀어. 내 앞길은 그야말로 탄탄대로였지."

아저씬 마치 고대의 슬픈 전설이라도 이야기해 주는 것처럼 애잔한 눈빛으로 말했습니다.

"그러나 부자가 되고 보니 정치, 종교 등 각 분야에서 끊임없는 유혹의 손길이 뻗쳐 오더구나. 사람의 욕심은 한여름 대나무처럼 쑥쑥 자라는 것이라, 난 그것을 뿌리치지 못하고 여기저기 손을 댔다가 모든 것을 잃고 말았지. 정치 자금 마련을 위해 부동산 투기를 했다가 큰 손해만 입었고, 모아 놓았던 재산 또한 모두 탕진해 빚더미에 앉게 되었어. 결국 노숙자 신세가 되어 여기저기 이슬을 맞으며 잠을 자고 돈이 없어서 아무거나 주워 먹기에 이르렀지. 춥고 배고픈 생활. 그야말로 모든 것을 잃게 되니 그동안 내가 쫓아다녔던 욕망들이 얼마나 헛되었는지 알 수 있더라고."

"그런데 왜 죽게 되었어요?"

나는 다시 한 번 조심스럽게 물었습니다.

"어이없게도 쓰레기통에서 음식물을 찾다가 쥐약을 먹고 비참하게 죽게 되었단다."

아저씨는 그때가 생각났는지 한참 동안 말이 없었습니다.

"그럼, 아저씨 부모님이나 가족은요?"

"나는 모든 재산을 탕진하고 뿔뿔이 흩어진 가족들과 모든 연락을 끊었지. 반드시 재기한 후에 내가 먼저 가족들에게 연락하리라 마음먹었는데, 결국 보지도 못하고 이렇게 되었단다. 부모님께

돌이킬 수 없는 불효를 저지르고 만 거야. 사후 세계라는 게 있다면 그곳에서 다시 뵙고 잘 하면 될 텐데, 난 그 불효를 갚아 드릴 방법이 없는 거지, 영원히."

아저씨는 한숨을 쉬며 다시 하늘을 올려다보았습니다. 아저씨의 눈가가 반짝였습니다. 그런 아저씨를 보자 내 눈에서도 또르르 눈물이 흘러내렸습니다.

흐려진 눈 속에서도 빛이 반짝였습니다. 어룽거리던 빛들이 하나하나 등불처럼 밝아졌습니다. 나는 그 빛들을 오랫동안 바라보았습니다. 그 빛은 다름 아닌 촛불이었습니다. 하나 둘씩 밝혀진 촛불이 어두운 밤 모두 잠들어 있는 영안실을 밝히고 있었습니다. 조용한 가운데 영안실 마룻바닥에서 곤히 잠들어 있는 엄마와 아빠의 얼굴, 그리고 소파에서 웅크리고 자는 누나의 얼굴도 보였습니다. 그리고 고개를 들자, 흰 국화로 잔뜩 꽃 장식이 되어있는 벽면 가운데 나의 사진이 보였습니다.

"동수야…… 우리 불쌍한 동수야……."

잠결에 엄마가 눈물을 흘리며 웅얼거리고 있었습니다. 마치 일렁이는 촛불의 간절한 흐느낌 같았습니다. 나는 머리가 너무 아팠

습니다. 세차게 고개를 흔들자 문득 다른 장면이 펼쳐졌습니다.
나는 죽은 게 분명했습니다.

3 아저씨의 소원

나는 아스팔트 위에 힘없이 누워 있었습니다. 가만히 눈을 떠보니 남자 두 명이 나를 내려다보고 있었습니다. 그들 옆에는 시커멓고 커다란 트럭이 있었습니다.

"맙소사!"

"어서 여길 떠나자."

"하지만……."

"정신 차려! 이건 우리 잘못이 아니야! 꼬마가 갑자기 뛰어든 거라고!"

"하지만……"

"어서 여길 떠!"

그렇게 두 남자는 몸이 차에 짓밟혀 꼼짝도 할 수 없는 나를 내버려둔 채 다시 트럭에 올라타고 시동을 걸었습니다. 그때서야 난 내가 어떻게 죽었는지 알게 되었습니다. 나는 교통사고를 당해 죽었던 것이었어요. 트럭 바퀴가 나를 밟고 지나갈 때의 그 무시무시한 고통이 생각나 그만 몸을 부르르 떨었습니다.

아저씨는 내 얘기를 다 듣더니 가만히 고개를 끄덕이며 담담히 말했습니다.

"내가 생전에 겪을 수 없었던 바로 그것. 그것이 마음에 걸려 아직도 내 기가 완전히 흩어지지 못하고 이렇게 응어리가 남아 있는 건지도 모르겠구나. 미련과 집착 때문에……"

나는 아저씨가 흘리는 눈물을 조용히 바라보았습니다. 미련과 집착 때문에 응어리가 남아 있다는 아저씨 말이 묘하게 공감이 갔습니다. 내 눈에서도 눈물이 났습니다. 죽은 나를 안고 울부짖던 엄마 아빠, 그리고 누나의 모습. 그 모습이 너무도 생생하게 눈앞에 떠올랐습니다. 나도 아저씨처럼, 가족들에게 남아 있는 미련과 집착 때문에 기가 완전히 흩어지지 못하고 응어리진 채로 계속 남아 있었다는 걸 깨달았습니다.

가족들과 헤어져야 하는 줄도 모르고…… 역시 나는 어린애였던 것 같네요. 아저씨는 다 털어 냈다는 듯 씨익 웃으며 말했습니다.

"내 꿈 중에 하나가 평양 출신인 부모님을 모시고 부모님의 고향에 가 보는 것이었단다. 어쩌면 아저씨가 돈과 권력에 그렇게 욕심을 냈던 이유도, 힘을 키워서 통일을 이루는 일에 기여하고 싶다는 마음에서였는지도 모르겠다는 생각이 드는구나."

"아!"

"하지만 아저씬 너무 어리석었던 것 같다. 차라리 내 주변을 더 자세히 둘러보았더라면…… 내가 손을 뻗으면 닿을 수 있는 주변 사람들의 어려움부터 알려고 노력했더라면……. 그렇게 점점 내가 도울 수 있는 범위를 넓히면서 진정한 통일을 꿈꾸었어야 하는데, 난 그저 욕심이 앞서서 모든 걸 한꺼번에 이루려고 했어."

"……."

"하지만 그런 욕심을 가지게 됐던 내 마음, 그 마음만은 지금까지도 순수했다고 생각해. 아저씨가 부처님과 내기 윷놀이를 했다고 말했었지?"

"네. 그런데 소원이 뭐였지는 안 가르쳐 주셨잖아요."

"남북통일이었단다."

"……"

"아저씨가 이겼으니, 우리나라는 꼭 통일이 될 거야."

"네, 그럴 거예요."

아저씨도 나도, 눈물이 글썽한 채로 함박웃음을 지었습니다.

애민(愛民) 사상

　'백성은 나라의 근본'이라는 유교적 전통과 달리, 실제로는 백성이 노예와 다를 것 없는 시대가 많았습니다. 이럴 때일수록 김시습과 같은 선비들은, 백성을 더욱 사랑해야 한다는 주장을 강하게 폈습니다.

　"창고의 재물은 백성들의 몸이요, 의관과 신발은 백성들의 피부며, 술과 음식은 백성들의 기름이니라. 궁전과 수레는 백성들의 힘이요, 세금과 물건들은 백성들의 피로다."

　마치 '춘향전'에서 이도령이 암행어사 출두를 하기 직전 변사또의 생일 잔치 자리에서 지은 시를 생각나게 한 이 말은 김시습의 〈애민의(哀愍義)〉라는 글에서도 볼 수 있습니다.

　"이러하므로 임금이 나라를 다스리는 데 있어서 백성을 사랑하는 것을 으뜸으로 삼아야 한다. 백성을 사랑하는 방법은 어진 정치를 하는 것이다. 어진 정치란 농업과 양잠을 권유하여 본업에 충실하도록 하고, 세

금과 부역을 줄여 주고 백성들이 농사지을 시간을 빼앗지 않는 것이다.”

이렇게 백성의 입장에서 그들을 보호하고 잘살게 해야 한다는 생각은 맹자의 정치사상을 이은 것으로, ‘민본(民本)사상’ 또는 ‘애민사상’ 등으로 불리며 유교 정치사상의 핵심입니다. 이러한 사상은 비록 오늘날 민주주의처럼 국민들의 손에 의하여 직접 지도자를 선출하는 선거제도 등에 이르지는 못했지만, 백성들의 마음을 잃으면 군주가 하루아침에 쫓겨나 평민으로 돌아갈 수 있다고 함으로써 백성들의 지지를 중요하게 생각하는 정치적 입장이라 하겠습니다.

생육신(生六臣)

생육신을 말하기 전에 사육신(死六臣)을 먼저 이해하는 것이 좋을 듯합니다. 사육신은 조선 초기에 수양대군이 자신의 조카인 단종을 내쫓고 왕위를 빼앗은 데 분개하여 수양대군을 죽이고 단종을 다시 왕으로 모시려고 했지만, 실패하여 죽임을 당한 여섯 신하(성삼문, 이개, 하위지, 유응부, 유성원, 박팽년)를 말합니다. 서울 노량진동에 지금도 사육신의 묘가 남아 있습니다. 이들이 처형되자 죽음을 무릅쓰고 시신을 수

습하여 매장한 사람이 바로 김시습이었지요.

생육신은 세조가 단종을 죽이고 왕위를 빼앗은 것에 분개하여 벼슬을 버리고, 혹은 벼슬에 오르지 않고 절개를 지킨 여섯 신하입니다. 이맹전, 조여, 원호, 김시습, 성담수, 그리고 남효온 또는 권절이 이에 해당됩니다.

세조가 단종의 왕위를 빼앗은 것에 대해 서로 대립된 의견들이 있습니다. 전통 유학의 관점에서 이는 도덕적으로 있을 수 없는 일이라고 평가합니다. 특히 사육신이나 생육신을 지지하는 사람들이 더욱 그러합니다. 반대로 어린 단종이 왕위에 있으면 임금 역할을 제대로 할 수 없기 때문에, 백성을 위해서나 이후의 역사를 위해 강력한 왕권이 필요했다는 견해도 있습니다. 이들은 수양대군이 정권을 잡은 것이 오히려 다행이라고 주장합니다.

과연 어느 견해가 옳을까요?

에필로그

우리 가족은 짐을 싸며 집으로 돌아갈 채비를 하였습니다. 나는 그런 가족들의 모습을 가만히 지켜보았습니다. 나는 죽은 사람이니 부모님은 나를 보지 못할 테지요. 엄마는 짐을 정리하다가 비상약 상자를 물끄러미 바라보았습니다. 이곳에 와서 한 번도 열어보지 않은 채 그대로였습니다.

"우리 동수가 있었다면……."

엄마는 한숨을 내쉬며 말씀하셨습니다. 내가 있었다면 비상약 상자는 뚜껑이 닳도록 열었다 닫았다 했겠지요. 헤헤. 너무 많이 먹어서 배탈이 나면 소화제를, 정신없이 뛰어다니다가 다치면 연고와 밴드를 챙겨 주었던 엄마, 벌레에 조금만 물려도 정성껏 약을 발라주셨던 우리 엄마.

"엄마."

나는 조용히 엄마를 불렀습니다. 엄마는 마치 내 목소리를 들은 것처럼 주위를 두리번거렸습니다. 그리고 비상약 상자를 테이블 위에 올려놓았습니다.

　"그건 왜……."

　누나가 말했습니다.

　"누군가, 우리 동수 같은 개구쟁이가 놀러 왔다가 다치면 쓰라고."

　아빠도 그렇게 하라고 하시며 종이 한 장을 테이블 위에 올려놓았습니다. 엄마는 아빠가 꺼내 놓은 종이를 한참 내려다보더니, 자신도 종이 하나를 꺼내 그 위에 올려놓았습니다. 부모님이 춘향사랑 백일장에 나갔을 때 썼던 글이었습니다. 엄마 아빠는 정성들여 쓴 글을 제출하지 않은 모양입니다.

　'사랑하는 아들, 동수야, 너는 아직도 우리의 가슴 속에서 숨 쉬고, 뛰고, 웃고 있단다. 그러나 이젠 그런 너와 눈을 맞추며 안아 줄 수가 없구나. 이 세상에서 다시는 널 볼 수 없다는 사실이 가슴 아프단다. 널 끝까지 지켜 주지 못하고 네 죽음을 지켜 볼 수밖에 없었던 힘없는 엄마 아빠를 용서해. 어떤 힘으로도 진실을 막지 못하는 세상이 될 때까지, 엄마 아빠는 너의 억울한 죽음과 앞으로 또 누군가에게 닥칠지 모를 불의에 맞서 최선을 다할 거라고 약속한다. 부디, 하늘나라에서 따뜻하고 행복하게 지내길 바라. 무엇보다 우리는 여전히 동수 너를 사랑한다는 것, 그 사실만은 잊지 않기를……. 동수야, 사랑해.'

부모님의 글을 읽고 나니 가슴이 뜨거워졌습니다. 뜨거운 열기가 온 몸으로 퍼져나갔습니다. 긴장되었던 몸이 이완되면서 마치 물감이 물에 섞여 들어가는 것처럼 온몸이 사방으로 흩어지고 있음을 느꼈습니다. 지금이 마지막 기회였습니다.

"엄마, 아빠, 누나. 모두…… 사랑해."

점점 희미해지면서 천천히 나는 사라졌습니다. 가족들은 말없이 각자 짐 정리를 하고 있었습니다. 그러나 그 모두의 눈에는 눈물이 글썽거리고 있었습니다.

내가 마지막으로 본 것은 그 눈물 속에 희망이라는 작은 촛불이 일렁이는 모습이었습니다.

통합형 논술
활용노트

01 제시문 (가)와 (나)는 서로 반대되는 철학적 태도를 보이고 있습니다. 이 두 가지를 설명하고 각각의 장단점을 말해 보시오.

(가)

한생은 어이가 없어 문을 열고 밖으로 나갔습니다. 하늘에는 큰 별이 희미하게 반짝이고 있었고, 동쪽이 훤히 밝아오는 가운데 어디선가 벌써 닭이 울고 있었습니다. 얼른 짐을 뒤져보니 용왕에게서 받은 구슬과 비단이 그대로 들어 있었습니다. 한생은 이를 상자 깊이 간직하고 보따리에 싸서 지극한 보물로 삼고서 평생 남에게 보여 주지 않았습니다.

그 뒤 한생은 세상에 이름을 떨칠 마음을 접고 이름난 산으로 들어가 자취를 감추었습니다. 후에 그가 어떻게 되었는지 아무도 소식을 모른답니다.

— 《김시습이 들려주는 유불도 이야기》 중

(나)

"영민이는 곧 중학생이 되니 내가 더 열심히 일해야 하겠구나. 건강을 위해서 담배도 끊고 운동을 해서 몸무게도 줄여야겠다."

"그것 참 바람직한 생각이네요. 저는 가족들의 건강을 챙기고, 더 아껴 써서 저축을 많이 할래요."

엄마가 말했습니다. 그런데 갑자기 영빈이가 끼어들었습니다.

"저는 공부를 많이 하겠습니다. 학원도 끊고, 하루 네 시간씩 공부를 할래요. 그러면 돈도 절약이 되고 좋잖아요?"

모두들 눈이 휘둥그레졌습니다. 영민이가 이어서 말했습니다.

"모두 절약하고 돈을 아낀다는 데 저만 학원을 다닐 수가 없네요. 하루 세 시간씩 집에서 공부를 할래요. 그 대신 학교 공부에 더 충실하겠습니다."

— 이종란, 《이야기 속의 논리와 철학》 중

02 제시문 (가)와 (나)에서 공통적으로 생각하는 우선순위와 그 근거, 그리고 그 안에 녹아 있는 사상의 차이를 말해 보시오.

(가)
높은 벼슬을 탐내어 무엇하리
부디 양심을 속이지 말라.
불의 공로를 탐내어 무엇하리
먼저 가렴잡세를 없앨지니라.

너 아무리 살아생전에
이 나라 임금 옷을 입었다 해도
네 어이 죽은 후엔들
정의의 붓을 변할쏘냐.

— 김시습, 〈역사를 읽고 마음 상하여〉 중

(나)
이 당선자 측의 핵심 관계자는 27일 "선거 직후 경제정책의 우선순위를 정하는 작업을 해 왔으며 인수위에서 이를 확정하게 될 것"이라며 "공약 가운데 당장 서민 생활과 직결되는 분야부터 정책이 마련돼 시행될 것"이라고 밝혔다. 또 다른 관계자는 "이 당선자의 공약 중 유류세 10%

인하 및 통신료 20% 인하 공약이 새 정부 출범과 함께 가장 먼저 시행
될 수 있을 것"이라고 말했다.
결국 이 당선자 측 공약 가운데 유류세 인하 및 통신료 인하 등 서민 경
제 살리기 정책은 우선적으로 시행되며 여타 정책은 시장 및 정국의 상
황과 연계해 탄력적으로 적용된다는 것이다. 특히 내년 4월 총선도 정
책우선순위 조정에 영향을 미치는 것으로 분석되고 있다.

— 문화일보, 2007년 12월 27일자 중

통합형 논술
문제풀이

01 (가)의 태도는 세상을 등지고 숨어 살고자 하는 은둔적 가치관에서 비롯됩니다. 세상이 어지럽고 정의가 없으며 악한 왕이나 간신들이 활개를 칠 때, 뜻 있는 선비들이 벼슬을 버리거나 벼슬에 뜻을 두지 않고 깨끗하게 살아가려 하는 태도입니다. 죽림칠현이니 백이숙제 같은 사람들이 그러한 태도를 보였습니다. 이는 도덕적으로 깨끗하여 세상의 참된 도리가 무엇인지 보여 줄 수 있다는 장점이 있지만, 자기 한 몸 깨끗하게 살기 위해 세상의 문제와 백성들을 위해 해야 할 일을 등한시했다는 비난을 면하기 어렵습니다.

(나)는 인간이 살아가는 데 있어서 당면한 문제를 해결하려는 현실주의적 가치관을 나타냅니다. 이는 보통 사람들이 살아가는 모습입니다. 이는 문제를 적극적으로 해결하며 주어진 과제를 회피하지 않고 현실에 참여하여, 인간 세상을 좀 더 나은 방향으로 개선시킬 수 있다는 장점이 있습니다. 하지만 자칫 불의에 타협하거나, 자신의 욕심을 채우는 데만 관심을 가질 수 있다는 단점도 있습니다.

02 (가)와 (나)는 공통적으로 정치 지도자가 백성이나 국민의 생활에 우선순위를 두어야 한다고 생각하는 입장입니다. '먼저 가렴잡세를 없앨지니라'는 (가)의 문장과, '서민 경제 살리기 정책은 우선적으로 시행되며' '공약 가운데 당장 서민 생활과 직결되는 분야부터 정책이 마련돼 시행될 것'이라는 (나)의 문장들이 그 근거입니다.

(가)에 녹아 있는 사상은 백성이 나라의 근본이라는 민본(民本)사상에 입각한 애민(愛民)사상입니다. 임금이 백성을 위해 바른 정치를 하지 않는다면 후세의 비판을 면키 어려움을 말하고 있습니다. 백성이 직접 왕을 선출하진 않지만 백성의 민심을 잃으면 왕위도 잃기 마련입니다.

(나) 역시 (가)와 같은 맥락입니다. 국민과 백성의 입장에서 정치를 해야 하고, 그들에게 신임을 얻지 못하면 정권을 잃게 됨을 말하고 있습니다. 하지만 (나)는 왕도를 말하는 (가)의 관점과는 달리, 현대 민주주의란 관점에서 선거에 이겨 정권을 잡기 위해 공약을 내세워 민심을 잡으려

하는 측면을 이야기합니다. 국민이 지도자를 선출하는 주권자라는 전제에서, 공약의 실천이 제대로 이루어지지 않는다면 민심을 잃어 다음 선거에서 정권을 잃게 될 것입니다.

(가)와 (나)는 공통적으로 백성의 입장에서 정치를 해야 하며, 또한 국민의 신임을 얻지 못하면 정권을 잃게 된다고 말하고 있습니다.